Para Silvia,

¡Feliz Navidad!

José

Como dice el Dr. Castleberry en su introducción a este precioso libro: "Nunca he escuchado a un niño que diga: ¡Ya no aguanto más la Navidad!" Una vez que lea el devocional *40 días de Navidad* con sus hijos, nietos, amigos o usted solo, apreciará de una novedosa manera esta temporada tan especial. Gracias, Dr. Castleberry, por llevarnos a la Palabra de Dios con el objeto de que podamos conocer la Palabra hecha carne aún más plenamente.

Carlos Campo, *PhD,*
Presidente de la Universidad de Ashland

¡Gloria a Dios por 40 días de Navidad! Este devocional tan oportuno, hace de la Navidad una fiesta de mucho significado y de profundidad. Su lectura nos lleva a la intimidad con Dios y nos inspira a enamorarnos más del verdadero propósito de la Navidad. El Dr. Castleberry, por medio de historias sencillas y anécdotas de su vida, nos lleva a un recorrido lleno de sonrisas y a la vez nos inclina a reflexionar sobre cada uno de los personajes y sus enseñanzas. Los versículos clave más las oraciones al final de cada día, proveen al lector una imagen sana, clara, motivadora y llena de esperanza. ¡Únase a estos 40 días con toda su familia y haga de esta una Navidad única e inolvidable!

Dr. Roberto Tejada,
pastor principal Centro de Vida Familiar,
Tacoma, WA

Mi amigazo Joseph Castleberry tiene un corazón para Dios y para nuestra gente. En este devocional, *40 Días de Navidad*, el Dr. Castleberry nos inspira y bendice con un diario manantial de verdades y adiestramiento bíblico; ¡profundo y poderoso!

SAMUEL RODRÍGUEZ, *Presidente, Conferencia Nacional de Liderazgo Cristiano Hispano (NHCLC), autor de "Usted es el próximo" y productor ejecutivo, "Breakthrough" La película*

40 Días de Navidad, qué gran regalo para cada corazón que quiere darle a la temporada navideña un significado mejor. Sé que como padres y madres queremos ser el mejor ejemplo posible para nuestros hijos. Por eso, en cada Navidad nos aseguramos de que nuestros hijos reconozcan la verdadera razón de la celebración. Este devocional escrito por Joseph Castleberry nos da la oportunidad de alimentar nuestras almas durante esta temporada, plantando semillas en los corazones de nuestros hijos; los cuales podrán seguir con el legado de celebrar cada Navidad, de tal manera que continúe de generación en generación.

ABOGADA JESSICA DOMÍNGUEZ, *@abogadalatina.*

Hay momentos en que una palabra, idea, pensamiento e incluso un sentimiento, pueden transformar nuestra vida. Estar dispuestos y conscientes de esos momentos es la clave. El libro que sostiene en sus manos le bendecirá y le animará. Sus palabras inspirarán ideas, le darán sabiduría y le darán paz. Joseph Castleberry comparte con elocuencia el verdadero significado de la Navidad y lo aplica magistralmente a nuestras vidas, que es lo que Dios siempre ha pretendido para esta maravillosa temporada. Léalo y compártalo con todos aquellos que le son queridos.

JASON FRENN, *Conferencista Internacional y autor de Las siete oraciones que Dios siempre contesta*

Muchas gracias Joseph por bendecirnos con esta hermosa obra, *40 Días de Navidad*. Es un gran deleite espiritual con el que experimentamos lo hermoso de la Navidad, empezando cada día con un hermoso pasaje bíblico acompañado de un devocional ungido y terminando con una oración. Cada día nos amplía el maravilloso significado de la Navidad; por lo que todo lector junto con su familia será grandemente bendecido en estos 40 Días de Navidad. ¡Lo recomiendo altamente a todos!

DR. SERGIO NAVARRETE, *Superintendente del Distrito Sur del Pacífico de las Asambleas de Dios, y Vicepresidente de la Fraternidad Mundial Hispana de Asambleas de Dios*

40 Días de Navidad nos ayuda a entender en más profundidad los eventos que nos llevan al día tan especial del nacimiento de nuestro Salvador y Señor Jesucristo. La claridad que nos ofrece por medio de una perspectiva nueva en cuanto a los mitos y aun a lo que algunos llaman ídolos, es muy valiosa. La forma en que podemos celebrar las buenas nuevas, de una manera bíblica, nos permite apreciar el gran beneficio que la Navidad nos da con el advenimiento de Emanuel en estos días en que preparamos nuestras congregaciones para festejar este hermoso tiempo del año.

JESSE GALINDO, *Pastor de Red,*
Red Ministerial Pacífico Central

Es casi imposible leer *40 días de Navidad* sin evocar con nostalgia nuestras propias experiencias, traídas a la memoria ya sea por un villancico, personaje o costumbre navideña, propia de nuestra cultura en particular. Pero además de los recuerdos, esta jornada devocional trae consigo la bendita esperanza del retorno de Cristo. ¡Maranatha!

EDGARDO MONTANO,
misionero de El Salvador en Alaska

40
DÍAS
DE
NAVIDAD

40 DÍAS DE NAVIDAD

Celebrando la
gloria de
nuestro
Salvador

JOSEPH CASTLEBERRY

BroadStreet
● ● ● ESPAÑOL

Publicado por BroadStreet Publishing® Group, LLC
Savage, Minnesota, USA
BroadStreetPublishing.com

40 DÍAS DE NAVIDAD:
Celebrando la gloria de nuestro Señor

ISBN: 978-1-4245-5966-4 (Tapa dura)
ISBN: 978-1-4245-5967-1 (e-book)

Diseño de portada: Chris Garborg, garborgdesign.com
Diseño de interior: Katherine Lloyd, theDESKonline.com
Traducido del ingles original al español por el autor mismo
Edición al idioma español: Grupo Nivel Uno, Inc., gruponiveluno.com

Printed in China
19 20 21 22 23 5 4 3 2 1

Este libro es dedicado a todos los amados amigos latinos que han celebrado la Navidad con mi familia a través de los años, en especial a Edgardo y Miriam Montano, Javier y Katya Castillo, Galo y Carmita Narváez, Armando y Angélica Sánchez, así como también a mi nieta Aurora Valdez, mi primera descendiente hispana.

Contenido

¿POR QUÉ CUARENTA DÍAS?

*H*ace poco un amigo escribió lo siguiente en una de las redes sociales: «¡Es 2 de enero y me emociona mucho poder desechar nuestro árbol navideño!» De inmediato respondí: «Si terminas esta temporada festiva antes del 6 de enero, no estás celebrando la Navidad correctamente!» Por desdicha, mucha gente no le saca el máximo provecho a la celebración navideña. Dejan que el ajetreo, el bullicio y la cursilería arruinen toda la fiesta. Comienzan a quejarse cuando ven que en la ciudad han colocado muy temprano las luces navideñas y luego se preguntan por qué la llamada «Enfermedad Emocional Estacional» los atrapa con sus garras el 26 de diciembre. Sin embargo, nunca he escuchado a un niño que diga: «¡Ya no aguanto más la Navidad!» Por tanto, ¡cuán triste es escuchar a un adulto decir eso! ¡Qué insensatez!

Siglos, y hasta milenios atrás, los líderes de la Iglesia cristiana diseñaron la Navidad en diciembre con el deseo de levantar el ánimo de la gente durante la época más oscura del año (puesto que en invierno la duración de la oscuridad es mayor). La celebración óptima de la Navidad ofrece varios beneficios maravillosos que mejoran nuestra condición mental, deleitan a nuestras familias, fortalecen nuestra economía y contribuyen a nuestro crecimiento espiritual y, con ello, al bienestar total. Su diseño nos motiva a ahorrar dinero a través del año. Nos brinda una temporada para mostrar amor a nuestra familia y a nuestros amigos de manera tangible, con mensajes por escrito, llamadas telefónicas, presencia personal y obsequios navideños, entre otras cosas. Nos guía en el cultivo de una actitud casta y un oportuno gozo infantil. Nos da un pretexto para poner a un lado el ayuno (o su sustituto secular, la dieta) para festejar. Más importante aún, nos estimula a pensar en el amor de Dios hacia la humanidad y meditar en la belleza y la gloria del nacimiento de nuestro Salvador Jesucristo. Además, nos ofrece beneficios adicionales con ello.

Una de las cosas más comunes en la mentalidad occidental, que genera uno de los peores sentimientos en el mundo, es no recibir nada en Navidad; el no obtener algún beneficio de ella se siente igualmente mal. Por eso te urge leer *este libro, para que puedas sacarle lo máximo a la temporada.*

A mí me encanta celebrar la Navidad por cuarenta días completos. El lapso de cuarenta días representa, bíblicamente, un período significativo de tiempo, asociado muchas veces con el ayuno o la prueba; como el tiempo que pasó Jesucristo ayunando en el desierto. Muchas personas solo celebran la Navidad por uno o dos días y aun hay creyentes que no la celebran en absoluto, puesto que la ven como una tradición pagana. Sin embargo, antes de nosotros, generaciones más sabias dividieron la estación en tres temporadas del calendario espiritual conformándola para: (1) preparar nuestros corazones para la Navidad durante el Adviento, (2) celebrar la temporada durante los doce días de la fiesta navideña y (3) vivir su revelación en la Epifanía.

Algunos cristianos evangélicos pueden objetar la celebración de varios días especiales o la observación de cualquier aspecto del calendario litúrgico de la Iglesia Católica Romana. Otros —entre ellos los metodistas, los presbiterianos, los luteranos, los anglicanos y muchos más— siempre han observado este augusto calendario espiritual. Explicaré, a lo largo del libro, la base teológica de nuestra celebración; pero en este momento debo aclarar que *este es el día que el Señor creó.* Debemos alegrarnos y ser felices en él. Todos los días son buenos para leer la Biblia, reflexionar en ella y orar. Esta obra tiene como objeto, simplemente, ayudar a todo creyente a seguir estas disciplinas evangélicas en una manera significativa y especial en esta época en la que todo el mundo está dispuesto a reconocer el nacimiento de Nuestro Salvador. Más que todo, deseo capacitar a cada uno de los lectores para que sea un buen testigo de la Navidad ante un mundo necesitado de Jesucristo.

Siendo que los domingos del Adviento ocurren en diferentes fechas en todos los años, he escogido enmarcar este calendario de reflexiones navideñas a lo largo de los tres períodos de Adviento, Navidad y Epifanía, comenzando el 28 de noviembre, o sea, el primer día posible de Adviento. Reconoceré algunos días de fiesta que se dedican a personajes bíblicos en el calendario litúrgico. Para cada día, ofreceré una lectura bíblica, una reflexión sobre el texto o una exposición de ella, y una oración, con la esperanza de añadir información, creatividad, y profundidad a cada día durante este período especial de algarabía y festividad, en aras de enriquecer tu celebración de la Navidad.

Me siento obligado a confesar que no todas estas reflexiones son propiamente modelos de exégesis. A veces el texto bíblico solo provee un punto de partida para la reflexión que sigue. No creo que haya llegado a ninguna conclusión antibíblica, aun si algunos de mis pensamientos no se conforman estrictamente a la lectura contextual del texto provisto.

Más que todo, espero que estas reflexiones te ayuden a experimentar el gozo más grande posible en esta temporada. Quiero ayudarte a pensar y a orar de manera más profunda acerca de esta estación bendita. Oro para que Dios te hable en formas que vayan mucho más allá de lo que he escrito. ¡Feliz Navidad!

LA MÚSICA Y LA NAVIDAD

> De repente apareció una multitud de ángeles
> del cielo, que alababan a Dios y decían:
> «Gloria a Dios en las alturas, y en la tierra paz
> a los que gozan de su buena voluntad».
> —*Lucas 2:13-14*

La Navidad y la música son inseparables. Todos sabemos que el coro de ángeles cantó anunciando el nacimiento del Mesías a los pastores galileos, aunque el texto bíblico no dice qué cantaron. Sin embargo, en la Nueva Versión Internacional, los traductores han agregado al *Magníficat* —en Lucas 1:46— el título: «El cántico de María», mientras que la respuesta de Zacarías a la promesa del Mesías en Lucas 1:67 lleva por título: «El cántico de Zacarías». En ninguno de estos casos, el texto original especifica qué cantaron, pero sus respuestas fueron ofrecidas en la poesía lírica apropiada para la himnología del primer siglo. Simeón también irrumpe en alabanzas poéticas en Lucas 2:29 cuando María y José presentan al niño Jesús en el templo de Jerusalén. Sin embargo, el texto bíblico nunca menciona específicamente ni la música ni el canto en conexión a la Navidad o la infancia del Mesías.

No hace falta que el texto mencione el canto. Con base a nuestra propia recepción de la Navidad, sabemos *instintivamente* que cantaron. Nosotros mismos queremos prorrumpir en canto al pensar en la Navidad.

En el estilo estadounidense de teatro musical (a diferencia de la clásica ópera europea), el diálogo se conduce en prosa. (Este género se conoce en América Latina por medio de películas como «La novicia rebelde» y «Evita».) Pero hay momentos cumbre del drama cuando uno o más de los actores tienen que irrumpir en canto. De la misma manera, la historia humana se contaba en prosa por muchos siglos, esperando el nacimiento del Hijo de Dios, nuestro Salvador. Pero cuando el bebé llegó, el canto tuvo que surgir. En nuestras propias vidas, arrastramos a través de los años una vagancia prosaica hasta que las Buenas Nuevas entran en nuestros corazones y nos pone a cantar.

Oh Dios, que creaste la música en las esferas celestiales y dotaste a la humanidad con el canto, recibe nuestra alabanza al comenzar a entonar los cánticos navideños de este año. Seas bendecido en nuestra adoración; regocíjate con nosotros con cantos de júbilo mientras meditamos en el significado de esta temporada bendita. Alza nuestros corazones en los venideros días de invierno y déjanos ver a Jesucristo a dondequiera que vayamos. En el nombre de aquel que nos ha hecho felices, amén.

EL ÁRBOL NAVIDEÑO

> Luego el ángel me mostró un río de agua de vida,
> claro como el cristal, que salía del trono de Dios
> y del Cordero, y corría por el centro de la calle
> principal de la ciudad. A cada lado del río estaba
> el árbol de la vida, que produce doce cosechas al
> año, una por mes; y las hojas del árbol son para la
> salud de las naciones.
> —*Apocalipsis 22:1-2*

Algunas personas ven el árbol navideño como una herencia de los ritos paganos de invierno celebrados en la Europa precristiana, pero en verdad, el árbol navideño ofrece un símbolo cristiano de gran significado bíblico. Es innegable que los europeos —desde tiempos inmemoriales— decoraban sus casas durante el invierno con ramas de abeto, pero en la Edad Media, los cristianos comenzaron a colocar «árboles de paraíso» en sus casas para la fiesta de Adán y Eva (Noche Buena).[1] Al hacerlo, reconocían que Jesucristo vino a nosotros como el «Segundo Adán». El fuerte significado bíblico que portaba aquella novedad sobrepasó completamente cualquier connotación implicada en cualquiera de aquellas débiles ramas de abeto.

Como vemos en Apocalipsis 22:1-2, el árbol de la vida que conocieron Adán y Eva en el huerto del Edén tendrá su lugar entre los redimidos en el cielo, pero habrá tomado un nuevo e irónico significado. Cuando los eruditos judíos tradujeron al griego el texto hebreo del libro de Génesis —lo que conocemos como la versión Septuaginta, que se convirtió en la Biblia de la iglesia primitiva—, unos siglos antes del nacimiento de Jesucristo, escogieron una extraña palabra para traducir la frase «árbol de la vida». En vez de usar el vocablo común y corriente que se empleaba para designar un árbol verde, *dendron* (como en la palabra castellana rododendro o «árbol de rosa»), los traductores optaron por el término *xulon*, que denotaba «un palo seco», «un pedazo de madera» o, incluso, «una cruz» (véase 1 Pedro 2:24).

Al aplicar la palabra *xulon* al cielo, Juan le dio un nuevo significado al árbol de la vida. Un palo muerto —como lo es el madero— ahora brota en hojas que sanan las naciones y da fruto abundante cada mes del año. He aquí la ironía: el palo muerto se convierte en el árbol más vivo de todo el universo. Lo obvio es que la cruz de Jesucristo devino en el árbol de la vida. El mero instrumento de la muerte de Jesús ha participado en su resurrección y los que «comen su fruto vivirán para siempre».

Cada año, al decorar tu árbol navideño, acuérdate del árbol de la vida. Cuando lo saques, recuerda a aquel palo muerto de la cruz. Así como aquel árbol pasó de la vida a la muerte, tú por fe en Cristo pronto pasarás de la muerte a la vida eterna.

Padre celestial, recibe —por favor— nuestro árbol decorado y nuestra casa festiva como una ofrenda de alabanza y un símbolo de nuestro anhelo por un hogar eterno contigo. Que tu presencia more ricamente entre nosotros en esta temporada, inspirándonos a esperar en ti, recordándonos la vida venidera en ese mundo sin fin con Jesucristo nuestro Señor. Amén.

LA CASA DE DAVID

> Por aquellos días Augusto César decretó que se
> levantara un censo en todo el Imperio Romano...
> Así que iban todos a inscribirse, cada cual a su
> propio pueblo. También José, que era descendiente
> del rey David, subió de Nazaret, ciudad de Galilea,
> a Judea. Fue a Belén, la Ciudad de David.
> —*Lucas 2:1, 3-4*

Cada profecía mesiánica encuentra sus orígenes en los planes de David referentes a la construcción de un templo dedicado a la adoración al Dios de Israel. David había inquirido al profeta Natán si debía construir una casa para el Señor, a lo que el profeta precipitadamente concluyó que debía hacerlo. Sin embargo, más tarde volvió con una palabra genuina de Dios:

> Pero ahora el Señor te hace saber que será él quien
> te construya una casa. Cuando tu vida llegue a su fin
> y vayas a descansar entre tus antepasados, yo pondré
> en el trono a uno de tus propios descendientes,
> y afirmaré su reino. Será él quien construya una
> casa en mi honor, y yo afirmaré su trono real para

siempre. Yo seré su padre, y él será mi hijo. Así que, cuando haga lo malo, lo castigaré con varas y azotes, como lo haría un padre (2 Samuel 7:11-14).

La profecía, en principio, se refería al hijo de David —Salomón—, pero contenía elementos que aquel nunca podría cumplir. Después de la muerte de Salomón, los profetas comenzaron a intentar hallar —en el futuro inmediato— un descendiente de David que verdaderamente reinara para siempre, sin imaginar siquiera que ese personaje sería el Hijo de Dios, el cual ciertamente construiría una casa para Dios. Los primeros cristianos reconocieron en Jesús el cumplimiento de la Palabra revelada de Dios.

Ese mismo Jesús todavía construye una casa para Dios; no un edificio, sino una familia de hijos. «Mas a cuantos lo recibieron, a los que creen en su nombre, les dio el derecho de ser hijos de Dios» (Juan 1:12). «Y esa casa somos nosotros, con tal que mantengamos nuestra confianza y la esperanza que nos enorgullece» (Hebreos 3:6).

La celebración de la Navidad trasciende el mero reconocimiento de que el Hijo de Dios nació de una joven virgen hace más de dos mil años. Es por ello que observamos esta temporada de gozo, por causa de los miles de millones de personas que han nacido de nuevo incorporándose a la familia de Dios como resultado de la vida, muerte y resurrección de Jesús. Cristo ciertamente ha edificado una casa para Dios y reinará sobre ella por siempre.

En el nombre de Jesucristo, que nos ha llevado a la salvación y a la vida eterna, damos gracias al Padre y al Espíritu Santo, por habernos rescatado de la oscuridad y por guiarnos con su luz divina. En esta temporada de oscuridad, reina en nosotros. Que tu voluntad se haga entre nosotros como en el cielo. Amén.

NOS HA NACIDO UN NIÑO

Porque nos ha nacido un niño,
se nos ha concedido un hijo;
la soberanía reposará sobre sus hombros,
y se le darán estos nombres:
Consejero admirable, Dios fuerte,
Padre eterno, Príncipe de paz.
Se extenderán su soberanía y su paz,
y no tendrán fin.
Gobernará sobre el trono de David
y sobre su reino,
para establecerlo y sostenerlo
con justicia y rectitud
desde ahora y para siempre.
—*Isaías 9:6-7*

El profeta Isaías aparentemente escribió este espléndido salmo real para usarlo en la coronación del rey Ezequías. Siguiendo la práctica de los cortesanos del Antiguo Oriente Cercano, los israelitas consideraban el día de coronación de un rey como la ocasión en que sucedía el nuevo nacimiento de un hijo de los dioses. Así como un bebé recibe un nombre al nacer, el surgimiento de un nuevo rey era oportuno para cambiar de «nombre» o de título, como vemos suceder en el día de hoy entre los papas y los monarcas. El nuevo rey de Israel sería alabado como «Consejero admirable», «Dios fuerte», «Padre eterno» y «Príncipe de paz».

Las profecías del Antiguo Testamento usualmente tenían un significado que se relacionaba con el tiempo en el que se entregaban, pero también portaban una «implicación adicional significativa», uno o más elementos que el cumplimiento contemporáneo no llenaba. En este salmo de Isaías (un excelente ejemplo de un salmo ajeno al libro de Salmos), la implicación adicional significativa es obvia. Ningún rey naturalmente nacido era literalmente un hijo de Dios. Ni Ezequías ni cualquier otro rey podría llevar nombres reales como «Dios fuerte» o «Padre eterno».

De modo que este salmo apunta a un futuro Mesías o «Ungido» que trascendería a todos sus predecesores. Aun cuando los reyes davídicos de la antigüedad eran simbólicamente hijos de Dios, el Mesías sería el Hijo Unigénito de Dios. Los sacerdotes ungían a los reyes con aceite, pero Dios ungiría e investiría, sin medida, al Mesías con el Espíritu Santo. El Mesías venidero ciertamente sería Consejero admirable, Dios fuerte, Padre eterno y Príncipe de paz. Y, a diferencia de sus predecesores, ese Mesías verdaderamente reinará para siempre.

Uno de los villancicos más antiguos de la cultura anglosajona afirma: «Oh ven, oh ven Emanuel, y rescata al cautivo Israel». Esas palabras expresan las oraciones de los judíos durante muchos siglos en los que anhelaban la venida del rey legítimo y autóctono, el Mesías verdadero. En la primera

Navidad, ciertamente un Niño nos nació, un Hijo nos fue concedido, y la soberanía reposará sobre sus hombros.

Jesucristo ha iniciado su reino eterno y en el mundo sin fin que nos traerá, todas las promesas de Dios a Israel y a nosotros encontrarán un «sí» y un «amén».

Oh Señor, tal como nos has enseñado a orar, que venga tu reino. Hágase tu voluntad en la tierra como en el cielo. Que tu voluntad reine en nuestras vidas, en nuestras familias, en nuestras iglesias, en nuestros sitios de trabajo, en nuestro descanso y en nuestro mundo. Este es nuestro deseo más grande, porque si buscamos primero tu reino, todas las demás cosas nos serán añadidas. Amén.

UNA VIRGEN CONCIBE

> Entonces Isaías dijo: «¡Escuchen ahora ustedes, los
> de la dinastía de David! ¿No les basta con agotar
> la paciencia de los hombres, que hacen lo mismo
> con mi Dios? Por eso, el Señor mismo les dará una
> señal: La virgen concebirá y dará a luz un hijo, y
> lo llamará Emanuel ... antes de que el niño sepa
> elegir lo bueno y rechazar lo malo, la tierra de los
> dos reyes que tú temes quedará abandonada».
> —*Isaías 7:13-15, 16*

Cuando Isaías entregó esta famosa profecía al rey Acaz,
de la casa de David, la cuestión en juego tenía que ver
con la seguridad de Judá durante la guerra siroefrainita, en
la cual los reyes de Siria e Israel sitiarían Jerusalén. La profecía encontraría su cumplimiento inicial cuando la *almah*
(palabra hebrea para «mujer joven» o «virgen») concebiría y
daría a luz a un niño cuyo nombre sería Emanuel, «Dios con
nosotros». Una lectura minuciosa y cuidadosa del contexto
sugiere que la mujer mencionada puede haber sido la joven
esposa del propio Isaías (8:3). La profecía ofrecía la ayuda
de Dios y la salvación, pero en vez de confiar en Él, el rey de
Judá apeló al emperador de Asiria por su ayuda, frustrando
el ofrecimiento profético de Dios.

Sin embargo, como lo declaró el propio Isaías, ninguna palabra de Dios jamás volverá a Él vacía, sino que hará lo que Él quiso; y logrará y será prosperada en aquello para lo que la envió (55:11). Unos siglos después, la Biblia Septuaginta trajo una mayor agudeza a la profecía de Isaías. Los traductores expresaron *almah* como *parthenos* en griego. Aunque el término *almah* puede significar virgen, el vocablo *parthenos* elimina cualquier ambigüedad: una joven casta y soltera que nunca había tenido relaciones sexuales concebiría y daría a luz a un hijo. Cuando Mateo anunció el cumplimiento de la profecía de Isaías en Jesús, la profecía se desplegó de forma tal que aclaró un significado adicional que la infidelidad humana nunca podría frustrar.

La virgen María concibió y dio a luz al mismísimo Hijo de Dios. A través de aquel novedoso acto creativo, Dios verdaderamente se hizo uno de nosotros y vivió entre nosotros en la persona de Jesucristo. Su vida intachable manifestó su unidad con el Padre; y sus palabras poderosas —como también sus hechos milagrosos— comprobaron que Él había recibido una unción del Espíritu Santo sin precedentes. En su muerte vicaria y su resurrección gloriosa, el Padre confirmó su declaración de que Jesús es «Dios con nosotros». Así que cuando Él venga para gobernar, el reino de Dios vencerá todo enemigo.

Ahora bien, no tenemos que cuestionar si la Palabra de Dios será frustrada. Lo que debemos hacer es preguntarnos si haremos como hizo Acaz. Habiendo recibido la palabra de Dios de que Él estará con nosotros en Cristo, ¿confiaremos en Él y recibiremos su salvación, o haremos lo que hizo Acaz, volviendo a nuestras propias maniobras y buscando un medio mundano de ayuda? La verdadera celebración de la Navidad requiere que le demos la bienvenida a Jesús como nuestro Salvador, que creamos en la promesa de Dios y que confiemos en Él.

Padre, a veces nos parece que tus promesas no se cumplen. Cuando nuestras expectativas parezcan inútiles, danos fe para confiar más en ti, no menos. Danos una convicción sólida —como una roca— de que tu soberanía sigue en pie, a pesar de las apariencias. En ti declaramos nuestra victoria sobre las circunstancias. Amén.

UNA FAMILIA DE BENDICIÓN

> Tabla genealógica de Jesucristo, hijo de David, hijo
> de Abraham … Judá, padre de Fares y de Zera,
> cuya madre fue Tamar; … Salmón, padre de Booz,
> cuya madre fue Rajab; Booz, padre de Obed, cuya
> madre fue Rut … David fue el padre de Salomón,
> cuya madre había sido la esposa de Urías; y Jacob,
> padre de José, que fue el esposo de María, de la
> cual nació Jesús, llamado el Cristo.
> —*Mateo 1:1-16*

Las genealogías jugaban un rol importante para el pueblo judío, así como ocurre en muchas culturas hoy día. La genealogía nos cuenta de dónde y de quién venimos. A través de las historias que implican, preservan un registro de nuestros valores familiares de generación en generación. La genealogía de Jesucristo en el Evangelio de Mateo contiene memorias preciosas de su familia. Como hijos de Abraham, la familia de Jesucristo recordaba la promesa de que sería de bendición a todas las familias de la tierra (Génesis 12:3). Como todos los judíos, confesaban que su padre Abraham era un «arameo a punto de perecer que fue a vivir como extranjero en Egipto» (Deuteronomio 26:5). Como descendientes de inmigrantes, la familia de Jesús amaba a los extranjeros. El hecho de que cuatro de las cinco mujeres mencionadas en esta genealogía se casaron con extranjeros —Tamar, Rajab, Rut y Betsabé— comprueba su afecto por ellas.

Otra mirada a las mujeres de esta lista revela que todas sufrían de una reputación sospechosa. La cananea Tamar tuvo que prostituirse con Judá para conseguir lo que él le adeudaba por derecho. Rajab, también cananea, dejó una vida de prostitución para unirse al pueblo de Dios. Rut, la moabita, se ofreció a Booz en una historia arriesgada que podría haber terminado en desastre. La tragedia de Urías el heteo extiende su sombra sobre el carácter de su esposa, Betsabé. María se encontró embarazada bajo circunstancias sospechosas, lo cual era vergonzoso en su entorno social. Sin embargo, hay algo que permanece innegable: a pesar de sus errores aparentes o de sus decisiones cuestionables, la familia de Jesucristo —una familia preservada por la gracia de Dios— amaba a todas esas mujeres y las recordaba con honra.

En el aspecto espiritual, todos los cristianos somos hijos de Abraham y miembros de la familia de Cristo. Entre los valores familiares que todavía atesoramos figuran el amor a los extranjeros y la prioridad de la gracia que nos ha rescatado de nuestra reputación imperfecta. En el nacimiento del Mesías, la salvación ha llegado para toda familia de la tierra.

Padre de todos nosotros, que nos has dado la vida y nos has adoptado por el nuevo nacimiento, ayúdanos a ser una bendición a todos los que encontremos durante esta temporada de Navidad. Que hallemos la redención de todo pecado y de toda vergüenza; que encontremos libertad para compartir el amor de nuestra familia con todos; que el mensaje de salvación que nuestros ancestros espirituales anunciaron, esperaron y experimentaron esté en nuestros labios con cada «Feliz Navidad» que pronunciemos. En el nombre de la familia divina, Padre, Hijo y Espíritu Santo, amén.

ALTAMENTE FAVORECIDOS

> Cuando Elisabet estaba en su sexto mes de embarazo, Dios envió al ángel Gabriel a Nazaret, una aldea de Galilea, a una virgen llamada María. Ella estaba comprometida para casarse con un hombre llamado José, descendiente del rey David. Gabriel se le apareció y dijo: «¡Saludos, mujer favorecida! ¡El Señor está contigo!»
>
> —*Lucas 1:26-28* NTV

En la época del nacimiento de Jesucristo, Galilea tenía muchos residentes gentiles, al punto que la gente se refería a ella como «Galilea de los gentiles». Tal vez en contraste con esa realidad, su población incluía a muchos judíos fieles y altamente religiosos. El Evangelio de Mateo reconoce a José como un hombre «justo», término con el cual se indicaba que vivía de acuerdo a la ley de Moisés con gran cuidado y practicaba una vida de oración y disciplina espiritual. Parece que también María pertenecía a la comunidad de los justos.

Tanto María como José recibieron visitaciones angicales en las que se les anunciaba el plan que Dios tenía con ellos y para la salvación del mundo. Dios claramente los vio como personas que criarían bien a su Hijo. Al mismo tiempo, ningunos padres humanos podrían ameritar tal honor. Cuando el ángel saludó a María, la reconoció como «favorecida» (*kecharitōmenē*) o literalmente «agraciada». La selección de Dios acreditó la piedad de María y José, pero su elección (como la nuestra) dependió del favor inmerecido de Dios.

Entre todos los elementos del carácter de María, su bajeza sobresale. Con extrema humildad ella se somete al plan divino, poniéndose de acuerdo para llevar en su vientre al Hijo de Dios. Su cántico, el Magníficat, claramente indica que se consideraba una persona humilde. Una persona soberbia nunca se habría rebajado para afrontar la vergüenza de un embarazo prematrimonial ni nunca se habría sometido a viajar embarazada a Belén ni a dar a luz a su hijo en un establo. A pesar del reconocimiento de la naturaleza milagrosa de su Hijo, ella se maravillaba ante las cosas asombrosas que Él hacía y decía. Se mostró como una persona de un verdadero carácter admirable.

Sin embargo María, como todos nosotros, nunca podría haberse salvado por sus considerables esfuerzos por preservar una vida piadosa. La salvación siempre ha venido por gracia, tanto en el Antiguo Testamento como en el Nuevo. La gracia de la Navidad nos llama a adoptar el mismo espíritu de gratitud humilde y sometimiento a Dios que María modelaba. Como ella, hemos recibido alto favor —gracia sobre gracia— al recibir el milagro de la Navidad.

Señor Jesucristo, que nos has favorecido con la gracia y la verdad, rogamos que podamos caminar en la humildad de los que han recibido la salvación sin mérito propio. Con absoluta gratitud, nos comprometemos a buscar la piedad como lo hicieron José y María; a conocer tu voluntad y cumplirla, no solamente durante la Navidad, sino en todos los días de nuestras vidas. Amén.

LÍDERES NAVIDEÑOS

Mientras [María] todavía era virgen, quedó
embarazada mediante el poder del Espíritu Santo.
José, su prometido, era un hombre bueno y no
quiso avergonzarla … Mientras consideraba esa
posibilidad, un ángel del Señor se le apareció
en un sueño. «José, hijo de David —le dijo el
ángel—, no tengas miedo de recibir a María por
esposa, porque el niño que lleva dentro de ella fue
concebido por el Espíritu Santo. Y tendrá un hijo y
lo llamarás Jesús, porque él salvará a su pueblo de
sus pecados» … Cuando José despertó, hizo como
el ángel del Señor le había ordenado … pero no
tuvo relaciones sexuales con ella hasta que nació
su hijo; y José le puso por nombre Jesús.
—*Mateo 1:18-21, 24-25*, NTV

José, el primer héroe de la historia de Navidad en el Evangelio de Mateo, le dio la bienvenida en una manera tal que provee un ejemplo poderoso para los líderes. Los principios de José resplandecen en su respuesta al ángel. Aunque para él, la Navidad comenzó con una gran decepción, Mateo declara que José era un hombre justo. Los grandes líderes primero se establecen como hombres y mujeres justos. Nadie se convierte en un líder del nivel más alto sin desarrollar primero un buen carácter. Como un hombre justo, José buscaba proteger a María de las consecuencias de lo que aparentaba ser un grave error moral. Los grandes líderes a veces toman la carga sobre sí mismos para proteger a algunas personas buenas de las peores consecuencias de sus errores.

José pensó cuidadosamente sobre el caso de María. Los grandes líderes se toman su tiempo para pensar en situaciones que presentan dilemas morales, y su carácter les lleva de los pensamientos a los sueños. La mente racional solo nos puede llevar hasta cierto punto, pero la grandeza requiere de un cerebro con sus dos hemisferios activos que permitan la creatividad y la revelación. Al ceder la deliberación a la inspiración, José no temió emprender un proyecto prometedor que implicaba gran riesgo. Obedeció a la visión, aunque significaba la gratificación retrasada para él. Ningún líder avanza mucho sin aceptar el sacrificio como la prima de una gran recompensa. Finalmente, José le dio al hijo el nombre «Salvador», declarando su fe en el éxito del proyecto. Los grandes líderes son los primeros en comunicar a sus organizaciones los beneficios que el sacrificio rendirá.

Ciertamente Mateo no pensaba en los líderes del siglo veintiuno cuando describió la respuesta de José a la Navidad. Pero al contar la historia, nos dio a todos un estudio de caso clásico de lo que los grandes líderes hacen todos los días. Espero que los líderes cristianos actuales puedan llegar a la marca que José ben David de Nazaret estableció.

Padre de todo liderazgo, enséñanos a conducir nuestras vidas de tal forma que la gente alrededor nuestro sea bendecida, protegida, inspirada, honrada y salva. Danos favor con nuestras familias para inspirarles confianza. No permitas que nos neguemos al llamado al liderazgo, sino que reconozcamos que nos has llamado a influenciar a otros en el avance de tu voluntad real. Amén.

6 de diciembre

EL COMERCIALISMO

Los comerciantes de la tierra llorarán y harán
duelo por ella, porque ya no habrá quien les
compre sus mercaderías.
—*Apocalipsis 18:11*

«Hay muchos "ismos" malos flotando alrededor de este
mundo», dijo Alfredo, el conserje del almacén Macy's
que aparece en la película *Milagro en la Calle 34*, «pero uno
de los peores es el comercialismo. Ganar un dólar, ganar un
dólar. Aun en Brooklyn es igual, no les importa qué realmente significa Navidad, solo ganar un dólar».[2] Aparentemente, Alfredo no había pensado en el estalinismo y otros
«ismos malos» que estaban apareciendo en el escenario.
Pero se ha hecho cliché quejarse de que el significado autén-
tico de la Navidad se pierde entre el alboroto y el bullicio de
las compras.

Yo llegué a una nueva perspectiva sobre esto hace varios
años mientras servía como misionero en ultramar. Condu-
ciendo hacia mi hogar desde el aeropuerto como a las doce
de la noche, a mediados de diciembre, una lluvia congelada
se precipitó en medio de aquella temperatura bajo cero en
las montañas que rodeaban la ciudad. Al detenerme ante
un semáforo, vi a unos niños temblorosos acercándose a mi

auto, mojados, hambrientos y casi congelados, pero también vi a los adultos que los manipulaban parados al otro lado de la calle. (No eran pocos. En toda la ciudad, miles de personas indigentes venían del campo a la urbe para pedir limosnas navideñas.) Me ofrecieron unas rosas que estaban vendiendo y les compré un ramillete que les devolví después de pagarles, esperando que las pudieran vender a otro conductor. En ese momento, rechacé de una vez para siempre la espiritualización de la pobreza.

Creo que el torbellino de compra y venta en la temporada de Navidad es una cosa bella. Muchas tiendas operan durante todo el año a pérdida hasta que llega Navidad y les deja una ganancia. De acuerdo, millones de empleados y sus familias prosperan todo el año como resultado de la Navidad.

Yo no veo que se deshonre a Cristo en absoluto en lo referente a dar regalos a nuestros familiares, amigos y organizaciones caritativas durante la Navidad, pero he visto la vergüenza congelada en los rostros de muchos padres alrededor del mundo, los cuales se ven obligados a utilizar a sus hijos hambrientos para mendigar durante la temporada de Navidad debido a que la economía nacional no logra generar suficiente trabajo honesto para crear una sociedad próspera.

Por supuesto, cualquier ideología puede convertirse en una religión falsa y el libro de Apocalipsis presenta el fin inevitable del comercialismo idólatra. No debemos dejar que el comercialismo sustituya el significado real de nuestra celebración navideña, ni tampoco dejar que la idolatría nos tiente a quedar en deudas que no podamos pagar, solamente por el deseo de comprar los regalos más deslumbrantes.

Mi memoria favorita de la Navidad ocurrió durante aquellos años en las misiones. Estábamos luchando financieramente porque el costo de nuestro traslado internacional había agotado nuestros fondos. No teníamos casi nada para celebrar la Navidad, pero decoramos un árbol de pino y Kathleen estiró nuestro dinero para asegurarse de que nuestras dos muñequitas rubias tuvieran juguetes bajo el árbol. Cuando llegó el momento para que mis niñas me presentaran el regalo que juntas habían comprado, temblaban gozosamente de la emoción por lo que habían comprado. La belleza de aquel gesto sobrepasaba la descripción. Todavía tengo los gemelos dorados que me dieron y que tengo entre mis tesoros más sentimentales, no por su mínimo valor comercial sino por el gozo invaluable que traen a mi mente.

Querido Dios nuestro, reconocemos que todo buen don y cada dádiva perfecta nos viene desde arriba, descendiendo del Padre de las luces. Que no exaltemos nunca la prosperidad mundana por sobre el cielo en nuestra jerarquía de valores, sino que confiemos en ti para la provisión de todo lo que necesitemos en la tierra. Amén.

PRÍNCIPE DE PAZ

Pues nos ha nacido un niño, un hijo se nos ha
dado; el gobierno descansará sobre sus hombros,
y será llamado … Príncipe de paz … por toda la
eternidad.
—*Isaías 9:6-7*, NTV

Las personas que vivían en el siglo veinte nunca olvidarán que el presidente Franklin Delano Roosevelt denominó el 7 de diciembre como «un día que vivirá en la infamia». En aquel día de 1941, el ataque a Pearl Harbor en Hawái involucró a los Estados Unidos de América en la Segunda Guerra Mundial. En muy pocos días, en aquella Navidad, millones alrededor del mundo orarían al Príncipe de paz por un rápido fin de la guerra y, de hecho, de todas las guerras.

Pero las guerras no cesaron. Recuerdo durante los años de mi niñez las vívidas y horrorosas imágenes que salían por televisión desde el escenario de la guerra en Vietnam. A diario observábamos los estragos de aquel conflicto bélico entre las tropas de Estados Unidos y los ejércitos divididos de Vietnam y entre los civiles del pueblo de aquella nación. Una de las imágenes icónicas de esa guerra mostró el terror de una niña que huía ardiendo en llamas, alejándose de su aldea después de un ataque con napalm (o gasolina gelatinosa que mantiene la duración del fuego) lanzado por el ejército vietnamita del sur. Para mi generación, ninguna otra foto expresó más poderosamente la maldad de la guerra y su efecto nefasto en los inocentes.

La niña, Phan Thi Kim Phuc, cuenta su historia en el libro *Fire Road: The Napalm Girl's Journey through the Horrors of War to Faith, Forgiveness, and Peace* (*El camino de fuego: la vida de la niña del napalm desde los horrores de la guerra a la fe, el perdón y la paz*):

> Cuarenta y cinco años después, todavía estoy recibiendo tratamiento por las quemaduras … pero aun peor que el dolor físico fue el daño emocional y espiritual. Por años llevé el peso paralizante de la ira, la amargura y el resentimiento por los que causaron mi sufrimiento. Sin embargo … aquellas bombas me llevaron a Jesucristo.[3]

Kim halló su camino a Cristo en 1982 a través de la predicación de un pastor vietnamita, Ho Hieu Ha. Él explicaba que la Navidad no consistía en los presentes que nos damos los unos a los otros, sino en el regalo que Dios nos obsequió en Jesucristo. Ella vio en Jesús la respuesta al odio y la amargura que había experimentado; por lo que caminó por el pasillo de aquella pequeña iglesia para darle su sí a Jesús. «Al reflexionar en lo ocurrido», dijo, «entiendo que la senda por la cual había estado huyendo me condujo directamente a Dios».[4]

Las lágrimas inundaron mis ojos cuando leí el testimonio de Kim sobre el poder de Dios para vencer la inhumanidad de la guerra en los corazones de sus víctimas. El día en el que Kim huyó del napalm no sería el momento de definición para su alma.

La caída de la humanidad, de hecho, trajo un largo día de oscuridad a la creación de Dios; pero otro día vendrá en el que el Príncipe de paz al fin gobernará y, en su nombre, toda opresión cesará.[5]

Oh Príncipe de paz, guíanos por este largo día de infamia y pecado en el que huimos de la maldad. La guerra que nuestro enemigo libra nos causa estragos a nosotros y a nuestro derredor. Ayúdanos a correr por la senda que nos guíe directamente a ti. Amén.

GLORIA Y PAZ

> De pronto, se unió a ese ángel una inmensa
> multitud —los ejércitos celestiales— que alababan
> a Dios y decían: «Gloria a Dios en el cielo más
> alto y paz en la tierra para aquellos en quienes
> Dios se complace».
> —*Lucas 2:13-14,* NTV

Los ángeles que anunciaron el nacimiento de Jesucristo declararon dos cosas para celebrar sus buenas nuevas: gloria (*doxa*) a Dios y paz a los hombres de beneplácito (*eudokías*). Como sugiere un buen análisis de las palabras griegas, *doxa* y *eudokia* se derivan de la misma raíz. La comprensión de su relación hace más claro el evangelio. Los dos vocablos tienen que ver con la idea básica de la «opinión». Según Gerhard Kittel, «Gloria (*doxa*) denota eso que hace a Dios impresionante» o lo que causa que otros tengan una buena opinión de Dios.[6] El hecho de que el Mesías vino hizo que los ejércitos celestiales glorificaran a Dios porque admiraban lo que había hecho.

El mismo anuncio que declaró gloria a Dios también pronunció «paz en la tierra para aquellos en quienes Dios se complace». ¿A quién, exactamente, se dirige esa paz? Las distintas traducciones bíblicas difieren en cómo expresar la frase angelical «de beneplácito» (*eudokias*).* Es interesante ver que Lucas utiliza otra forma de la misma palabra en 3:22, donde Dios dice: «Tú eres mi Hijo amado; estoy muy complacido (*eudokēsa*) contigo». ¿Quiénes son las personas, como Jesús, en quienes Dios se complace? ¿De quién tiene Dios una buena opinión?

Una forma de entender el mensaje angelical sería que el favor, buena voluntad o beneplácito de Dios ahora descansaba sobre todos los seres humanos como resultado del nacimiento del Mesías, pero tal interpretación no cabe en la teología del Evangelio de San Lucas ni en las realidades de la raza humana en la que Jesucristo había nacido. Seguramente el malvado rey Herodes no contaba con el beneplácito de Dios.

Para contestar la pregunta tenemos que considerar el contexto de la declaración. ¿A quiénes entregaron los ángeles el mensaje? Dios pronto estaría complacido con los pastores como resultado de su respuesta a los heraldos. Ellos fueron de prisa a ver lo que había pasado y lo que el Señor les había dado a conocer (Lucas 2:15). Después de ver al niño Jesús, «contaron lo que les habían dicho acerca de él» para asombro de todos (Lucas 2:16-19).

Dios se complace en los que (1) creen el mensaje del evangelio (2) acuden a Cristo y (3) comparten el evangelio con los demás. Al hacer esas mismas cosas los pastores,

---

* En verdad, la traducción de este texto es complicada no solamente por cuestiones lingüísticas, sino porque también hay una variante en la tradición textual. El texto bizantino simplemente dice «buena voluntad (*eudokía*) a los hombres» como se ve reflejado en las traducciones de la Reina-Valera. Casi todas las traducciones modernas se basan en el texto alejandrino, que es visto como el más fidedigno. Este último texto se lee «*eudokías*» o «a hombres de beneplácito» o «a hombres de buen favor» u «hombres en quienes Dios se complace».

la paz entró en sus corazones, tal como los ángeles habían dicho. Seguramente los ejércitos celestiales se unieron con los pastores, «*glorificando* y alabando a Dios por lo que habían visto y oído» (Lucas 2:20, énfasis añadido).

Oh Dios del cielo, a quien los santos y los ángeles adoran, rogamos que la paz descanse sobre nosotros en esta Navidad. Que nos regocijemos con el mensaje del nacimiento del Mesías, que sintamos en nuestras propias vidas la verdad de su venida. Que compartamos fielmente con otros el gozo y la paz que hemos obtenido, y que el cielo te glorifique por tu gran favor con nosotros. Amén.

TESTIGOS DIGNOS

Así que fueron de prisa y encontraron a María y a
José, y al niño que estaba acostado en el pesebre.
Cuando vieron al niño, contaron lo que les
habían dicho acerca de él y cuantos lo oyeron se
asombraron de lo que los pastores decían.
María, por su parte, guardaba todas estas cosas
en su corazón y meditaba acerca de ellas.
Los pastores regresaron glorificando y alabando
a Dios por lo que habían visto y oído, pues todo
sucedió tal como se les había dicho.
—*Lucas 2:16-20*

Muchas veces hemos oído que, en los tiempos del
Nuevo Testamento, los pastores sufrían de tan mala
reputación entre los judíos, que no aceptaban la validez
de su testimonio en los tribunales. Algunos escritores han
declarado que tal «verdad» fortalece la credibilidad de los
cuentos de la Navidad porque nadie hubiera fabricado la
idea de que unos pastores fueran los primeros testigos del
nacimiento de Cristo. Existen escritos judíos posteriores al
tiempo del Nuevo Testamento que arrojan sombras sobre la
reputación de los pastores, pero el profesor David Croteau

desmiente completamente el mito de que a los pastores les fal-
taba credibilidad.[7]

Leemos en el Libro de Éxodo que a los egipcios no les gustaban los pastores de ovejas, pero a los israelitas ciertamente sí les caían bien. Abraham y todos los patriarcas obtuvieron sus riquezas como pastores. David, el progenitor de la familia real judía, servía como pastor cuando Dios envió a Samuel a ungirlo como rey. El Salmo 23:1 declara que el Señor es nuestro pastor y el Salmo 95:7 compara a Dios con un pastor, diciendo que «somos el pueblo de su prado y ovejas de su mano» (RVR1960). Jesucristo se refiere a sí mismo como «el Buen Pastor» (Juan 10:11) y los líderes eclesiásticos han llevado el título de «pastor» desde la época de la iglesia primitiva (Efesios 4:11). Es claro que los judíos de la época bíblica veían a los pastores como personas confiables.

De hecho, los pastores que recibieron el mensaje de la Navidad por boca de los ángeles visitaron al niño Jesús, comprobando por sí mismos la verdad del mensaje y sirviendo como testigos dignos, contando a todos exactamente lo que habían escuchado y visto.

Muchos cristianos caen en la trampa de creer que les faltan las capacidades para ser evangelistas eficaces. Tal vez sientan que no son dignos de servir como testigos por su falta de elocuencia o un sentimiento de culpa por sus pecados en el pasado o aún en el presente. A la verdad, son igualmente dignos de lo que eran los pastores. La efectividad de nuestro testimonio tiene poco que ver con nuestra dignidad. Si solamente permitiéramos que las personas «dignas» contaran las buenas nuevas, estas nunca serían anunciadas. No debemos aceptar el anti-testimonio del «acusador de nuestros hermanos» (Apocalipsis 12:10).

Las personas creen en el evangelio porque el Espíritu Santo las atrae a Cristo. Los testigos dignos tienen un rol: Cuentan lo que han oído y visto —las cosas buenas que Dios ha hecho por ellos— y el Espíritu Santo les da credibilidad. No se trata de nosotros, sino de Cristo.

Oh Padre y Fuente de toda buena nueva, danos poder para proclamar desde las montañas que Jesucristo ha nacido. Así como el Espíritu Santo vino sobre María para que concibiera al Hijo de Dios, que venga sobre nosotros para darnos poder y hacernos tus testigos hasta los fines de la tierra. Amén.

EL PRECURSOR

> El ángel le dijo: «No tengas miedo, Zacarías, pues
> ha sido escuchada tu oración. Tu esposa Elisabet
> te dará un hijo, y le pondrás por nombre Juan …
> Él irá primero, delante del Señor, con el espíritu y
> el poder de Elías, para reconciliar a los padres con
> los hijos y guiar a los desobedientes a la sabiduría
> de los justos. De este modo preparará un pueblo
> bien dispuesto para recibir al Señor».
> —*Lucas 1:13, 17*

Entre los primeros versículos de su evangelio, Lucas cita las últimas palabras del Antiguo Testamento, en las cuales Dios prometió enviar al profeta Elías antes «que llegue el día del Señor, día grande y terrible» (Malaquías 4:5). Aun cuando los tres evangelios sinópticos presentan a Juan el Bautista como la solución a aquel final de suspenso, los cuatro evangelios lo reconocen como el precursor profetizado por Isaías, el cual sería —de acuerdo a lo anunciado por el profeta— la voz que clama: «Preparen en el desierto un camino para el Señor» (Isaías 40:3).

Antes de que Juan el Bautista fuera concebido, un ángel se le apareció a Zacarías para decirle que Juan iría «delante del Señor, con el espíritu y el poder de Elías». Tal destino habría tenido un efecto asombroso sobre un niño, que habría de criarse con la expectativa de que su vida serviría como ujier para el Día del Señor. Criado bajo las condiciones de los votos nazareos, Juan entraría a su ministerio como un santo anunciando resultados catastróficos para los inmundos. Su mensaje sería uno de juicio inminente. A las multitudes que llegarían a él para el bautismo les gritaría: «¡Camada de víboras! ¿Quién les advirtió que huyeran de la ira de Dios que se acerca? … el hacha de juicio de Dios está lista para cortar las raíces de los árboles. Así es, todo árbol que no produzca buenos frutos será cortado y arrojado al fuego» (Lucas 3:7, 9, NTV).

¡Qué sorpresa resultaría el ministerio de Jesús para Juan! Confinado en una cárcel, esperando su inminente muerte, el Bautista escuchaba que Jesús estaba sanando a los enfermos, echando fuera demonios y predicando buenas nuevas a los pecadores. ¿Dónde estaba el hacha? La fe de Juan comenzó a aflojarse. Él había ejecutado fielmente su cargo profético, pero no esperaba que el Día del Señor tardara tanto en venir. El tiempo de Dios no es nuestro tiempo.

Aunque «el Día grande y terrible del Señor» de hecho vendrá, el nacimiento de Jesucristo trajo otro día, uno al que Pablo se refirió como «"hoy es" el día de salvación» (2 Corintios 6:2). En el Niño Jesús, Dios comenzó a mostrar las verdaderas profundidades de su misericordia y su amor para con toda la humanidad. Ninguno de los que reconocen este largo día de salvación tendrá temor de ese otro día que Dios ha postergado en su misericordia para que la salvación florezca entre nosotros.

Padre de todos los tiempos, reconocemos en esta temporada que hoy es nuestro día, el día de nuestra salvación. Gracias por la grandeza de tu misericordia para con nosotros. Sabemos que el Día del Señor vendrá, cuando Jesús reinará plenamente en la tierra y todo lo que está mal será tornado a bien, por lo que le damos la bienvenida. ¡Ven pronto, Señor Jesús! Pero mientras el día de «hoy» sigue en pie, ayúdanos a esparcir tu gracia por el poder del Espíritu. Amén.

SUPERIOR A MÍ

> Juan anunciaba: «Pronto viene alguien que es
> superior a mí, tan superior que ni siquiera soy
> digno de inclinarme como un esclavo y desatarle
> las correas de sus sandalias. Yo los bautizo con
> agua, ¡pero él los bautizará con el Espíritu Santo!»
> —*Marcos 1:7-8*, NTV

Los cuatro evangelios repiten el mensaje de Juan en cuanto a que Jesús bautizaría con el Espíritu Santo. Aunque Juan no entendía todas las implicaciones de esa declaración, aún sigue siendo el asunto más importante que él pudo haber anunciado.

El bautismo en el Espíritu fue el elemento distintivo en el ministerio de Jesús. Cualquier persona de fe podría bautizar a pecadores en agua para sellar su acto de arrepentimiento, pero solamente Jesús puede bautizar en el Espíritu Santo. Su título, Mesías, significa «ungido», al igual que la traducción griega *cristos*. Su nacimiento virginal —vehículo de la encarnación de Dios en forma humana— significaba que nacería creado por y lleno del Espíritu Santo. Todo lo que hizo dependió del poder del Espíritu y la dirección del Padre. Debido a que Él era ungido con el Espíritu Santo sin medida, podía derramar a ese mismo Espíritu Santo sobre todos los que tocaba. Cuando predicaba el evangelio, perdonaba pecados, sanaba a los enfermos y echaba fuera espíritus malignos. Juan obraba en el poder del Espíritu Santo. Después de su ascensión, Jesús revistió a sus discípulos con poder, bautizándolos en el Espíritu Santo, que no solamente estaría con ellos, sino también dentro de ellos como Consejero. Cuando venga otra vez, Él derramará el Espíritu como Juan lo esperaba, y toda maldad caerá bajo juicio.

El ministerio de Jesús tuvo un efecto totalmente diferente al de Juan. Aunque este pudo guiar al pueblo al arrepentimiento, no pudo efectuar en ellos el nuevo nacimiento. Ninguna persona ni acción —no importa qué tan santa fuera— podría hacer tal cosa. Dios «nos salvó, no por nuestras propias obras de justicia, sino por su misericordia. Nos salvó mediante el lavamiento de la regeneración y de la renovación por el Espíritu Santo, el cual fue derramado abundantemente sobre nosotros por medio de Jesucristo nuestro Salvador» (Tito 3:5-6).

Por la morada interior del Espíritu Santo derramado en nosotros por Cristo, podemos vivir continuamente en la presencia, dirección y poder de Dios. Juan era el más grande de todos los profetas bíblicos, pero nunca pudo bautizar en el Espíritu.

Bautízanos, Señor Jesucristo, con tu Espíritu en esta Navidad. Que podamos avivar el poder divino que mora en nosotros. Perdónanos, libéranos, sánanos y revístenos de poder. En esta temporada, haz milagros entre nosotros de acuerdo con nuestra fe y nuestra llenura en ti. Que todos los santos dimensionen el poder que mora en nosotros. Amén.

UN CUADRO MÁS GRANDE

Él es la imagen del Dios invisible, el primogénito
de toda creación, porque por medio de él
fueron creadas todas las cosas en el cielo y en la
tierra, visibles e invisibles, sean tronos, poderes,
principados o autoridades: Todo ha sido creado
por medio de él y para él. Él es anterior a todas
las cosas que por medio de él forman un todo
coherente. Él es el principio, el primogénito de la
resurrección, para ser en todo el primero. Porque
a Dios le agradó habitar en él con toda su plenitud
y por medio de él reconciliar consigo todas las
cosas, tanto las que están en la tierra como las
que están en el cielo, haciendo la paz mediante la
sangre que derramó en la cruz.
—*Colosenses 1:15-20*

Durante la Navidad, solemos pensar en el niño Jesús,
una imagen dulce y tierna que no revela su identidad
completa. Cuando era estudiante universitario, me gustaba
la música folclórica —«bluegrass»— de un grupo cristiano

que se llamaba The Zion Mountain Folk (El pueblo montañés de Sion). Ellos tocaban una balada titulada: «Un cuadro más grande de Jesús».[8] Necesitamos un cuadro más grande porque muchas veces basamos nuestro concepto de Jesús considerándonos a nosotros mismos o a otras personas que hemos conocido. En realidad, Él trasciende a cualquier ser humano que jamás haya vivido.

Los escritos de Pablo nunca mencionan el nacimiento de Jesús en Belén, enfocándose en su estatus como «el primogénito de toda creación». Los credos históricos del cristianismo clarifican que Jesús fue «engendrado, no hecho» y Pablo declara que su estatus lo coloca por encima de todas las cosas creadas. Él también es «el primogénito de entre los muertos», que alcanzó la resurrección en un cuerpo que trasciende nuestra moribunda existencia carnal y garantiza la vida eterna en tal cuerpo glorificado a todos los que lo siguen, tanto el Hacedor de la nueva creación como el segundo Adán en ella.

El cuadro se pone más y más grande cuanto más lo miras. ¡Jesús es la imagen visible del Dios invisible! La plenitud de Dios vive en Él, de tal manera que permanece de manera preeminente sobre todos los que han nacido de mujer.

Si solamente pensamos en Jesús como el primer hijo de María, perdemos de vista el cuadro mayor.

Santo Jesús, reconocemos hoy que tú eres Dios. Gracias por unirte con nosotros en nuestro estado humilde, por sufrir todas las cosas que sufrimos, por compartir todo aspecto de nuestro dolor, lucha y gozo. Gracias por sentir lo que sentimos, por conocer lo que conocemos y por ir a donde no pudimos ir para hacer lo que nunca podríamos haber hecho. En ti somos reconciliados con Dios. Amén.

13 de diciembre

COMIDA NAVIDEÑA

A los hambrientos los colmó de bienes, y a los
ricos los despidió con las manos vacías.
—*Lucas 1:53*

a Navidad, una de las grandes fiestas de la Iglesia, ha sido un evento celebrado durante muchos siglos con la preparación e intercambio de comidas. Algunos consideran los alimentos navideños como su comida favorita de todo el año. En banquetes al azar, en negocios, iglesias y casas alrededor del mundo, la gente acude con sus platos favoritos para compartir. Por eso, es sorprendente que los relatos bíblicos no mencionen que ninguna persona trajera comida ni a la sagrada familia ni a nadie más. Sin embargo, hubo alguien que sí llevó comida a la primera Navidad.

En el Magníficat, el himno de exultación de María en respuesta a la obra divina de llenar su vientre, ella dice: «A los hambrientos los colmó de bienes, y a los ricos los despidió con las manos vacías». En la primera Navidad, Dios proveyó la comida. Alguien podría objetar el regocijo de María en los históricos actos salvíficos que Dios hizo por su pueblo, tales como la provisión de maná y codornices para los israelitas en el desierto. En lo particular, creo que ella presentó un argumento en el sentido que, el acto divino de engendrar en ella un hijo mesiánico, constituía la culminación y recapitulación de todo lo que Dios había hecho previamente.

Al enviar a su Hijo, Dios verdaderamente nos trajo comida. Nacido en un pesebre —un comedor para animales— Cristo se refirió a sí mismo como comida en múltiples ocasiones. Después de alimentar a los cinco mil, Jesús declaró: «Yo soy el pan de vida ... El que a mí viene nunca pasará hambre, y el que en mí cree nunca más volverá a tener sed» (Juan 6:35). En esa misma ocasión afirmó: «Ciertamente les aseguro ... que si no comen la carne del Hijo del hombre ni beben su sangre, no tienen realmente vida. El que come mi carne y bebe mi sangre tiene vida eterna, y yo lo resucitaré en el día final. Porque mi carne es verdadera comida y mi sangre es verdadera bebida ... Este es el pan que bajó del cielo. Los antepasados de ustedes comieron maná y murieron, pero el que come de este pan vivirá para siempre» (Juan 6:53-55, 58). Jesús reconoció que la dádiva de su vida era la recapitulación y la culminación de la provisión de maná en el desierto.

La Santa Cena da seguimiento a esta gran verdad y nos urge a celebrar la fiesta de Cristo periódicamente en memoria de Él y como prólogo a la Gran Cena de las Bodas del Cordero, la cual compartirá con nosotros al final de la historia. De modo que esta Navidad, celebremos la fiesta con el pleno conocimiento de que Dios nos ha dado comida verdadera y bebida verdadera en la persona de Jesucristo.

«Los ojos de todos», oh Señor, «esperan en ti y tú les das su comida a su tiempo.» Gracias por las delicias que comeremos durante esta temporada de Navidad, pero mayores gracias te damos por la verdad de que no vivimos solamente por el pan sino por la palabra de Dios que sigue con nosotros para siempre.

MITOS NAVIDEÑOS

Así que repréndelos con severidad para
fortalecerlos en la fe. Tienen que dejar de prestar
atención a mitos judíos y a los mandatos de
aquellos que se han apartado de la verdad. Todo es
puro para los de corazón puro.
—*Tito 1:13-15, NTV*

En el siglo veinte, muchos judíos arribaron a los Estados Unidos de América como inmigrantes y refugiados, determinados a hacerse un lugar para sí mismos en la «tierra de la libertad» y contribuir al bienestar del país. En su proceso de asimilación a la cultura estadounidense y la lucha por mantener su identidad judía, tenían que decidir si iban a celebrar la Navidad, si es que lo iban a hacer de cualquier forma. No sorprende, por tanto, que los artistas les tomaran la delantera. La Navidad estaba demasiada arraigada en la cultura estadounidense como para anularla, y la presentación enfática de su identidad judía solo apelaba hasta un punto limitado. Así que, en vez de insistir en que a las personas no se les dirigiera el tradicional saludo de «Feliz Navidad» —rechazando el feriado con un resentimiento gruñón— inventaron nuevas tradiciones navideñas basadas en el invierno, la nieve y San Nicolás; cosa que hicieron creando nuevos mitos navideños que no ofenderían los sentimientos religiosos o no religiosos de las personas, cristianas o no. Entre tales mitos figuraban las canciones «Rodolfo el Reno» y «Frosty, el muñeco de nieve», con las cuales dichos personajes se hicieron famosos en todo el mundo.[9] Con todo y eso, crearon una forma secular de celebrar la Navidad.

Por tanto, ¿cómo deben responder los cristianos ante tal Navidad secular? Pablo nos brinda la clave: «Todo es puro para los de corazón puro». Como cristianos, debemos reconocer nuestro endeudamiento con los judíos por todo lo que han contribuido a nuestras vidas. La celebración del invierno, la nieve, las campanas de tobogán y el amor familiar ciertamente cuentan como cosas puras. Los cuentos encantadores como los de Frosty y Rodolfo no hacen ningún daño y deleitan a los pequeños. A diferencia de los cretinos de antaño que pastoreaba Tito, quienes tomaban en serio los mitos religiosos, nadie toma en serio los mitos infantiles de la Navidad moderna.

Los líderes cristianos, desde el primer siglo, han reconocido que los seguidores de Jesucristo no pueden más que participar de las culturas en las que viven. Aunque tenemos que rechazar la maldad, las cosas inocentes no hacen daño; por lo que se pueden disfrutar. El asegurar que Jesucristo es honrado en la Navidad no depende de si la industria del entretenimiento o las personas no cristianas celebren el nacimiento de Jesús o de que se queden silentes ante la celebración. Depende de si los cristianos derraman su amor y su amistad sobre sus prójimos de tal manera que todos sepan y disfruten nuestra observación de la verdadera razón de la festividad.

Oh Padre de nuestro Señor y Salvador, sazona nuestras vidas con amor y gracia para que, al celebrar a Jesús este año en la Navidad, seamos dignos de ser vistos como las personas más dulces y afectuosas del mundo. Que todas nuestras actitudes negativas puedan caer a un lado, todas las rivalidades cesen, toda amargura se desvanezca. Conviértenos en testimonios vivos del amor por todos los pueblos que te conmovieron para que enviaras a Cristo al mundo. En el nombre de Jesús, amén.

San Nicolás

> Del mismo modo, algunos piensan que un día es
> más sagrado que otro, mientras que otros creen
> que todos los días son iguales. Cada uno debería
> estar plenamente convencido de que el día que
> elija es aceptable. Los que adoran al Señor un día
> en particular lo hacen para honrarlo a él.
> —*Romanos 14:5-6*, NTV

Uno de mis líderes cristianos favoritos, el doctor George O. Wood, suele contar la historia de una iglesia en la que el pastor predicó en contra de San Nicolás en una época de Navidad. Un hermano benigno respondió de inmediato, parándose para contradecirle con una palabra profética: «Así dice el Señor: "Deja en paz a San Nicolás. Es un buen hermano y está realizando una buena obra"». La historia se ha contado tantas veces que, en ciertos círculos ministeriales, provoca risas cuando alguien le dice a un consiervo: «Eres un buen hermano y estás realizando una buena obra».

Así que, ¿cómo debemos interpretar a San Nicolás? Como lo recuerda la historia, el bondadoso Nicolás de Mira un obispo piadoso del siglo cuarto que al ver tantas respuestas milagrosas a la oración llegó a ser conocido como «Nicolás, el hacedor de maravillas». Después de su muerte y su canonización como santo, no costó mucho tiempo para que las historias de sus milagros se dispararan como un proyectil, sufriendo una creciente exageración hasta el punto de que se convirtió en el San Nicolás mítico que los niños celebran en la actualidad: capaz de descender por unas altas chimeneas de un solo salto, circunnavegar el mundo entero en muy pocas horas y entregar miles de millones de regalos para el deleite de todos nosotros.

Como los infantiles mitos navideños que consideramos ayer, San Nicolás (tambien conocido como «Santa Claus») es un elemento permanente de la cultura global. Lo celebramos con un espíritu de diversión. Nadie adora a San Nicolás ni ora a él ni lo confunde con Jesús. El «profeta» que encomendó al querido San Nicolás probablemente lo hizo para asegurar que ningún niño presente sintiera desmayo por la condena de su amado Kris Kringel. (Como «creyente a mi manera» que soy, tuve el placer de conocer al San Nicolás oficial en una iglesia situada en Polo Norte, Alaska, y aproveché de visitarlo en su residencia: la Casa de San Nicolás. Tenía una larga y blanca barba y, de hecho, era un buen hermano en Cristo. Tengo una foto con él.)

Mis padres disfrutaban del juego de San Nicolás conmigo cuando era niño y, una vez adulto y casado, mi esposa y yo también dejamos a nuestros hijos disfrutar de ese juego. Puesto que se lo explicamos todo cuando llegaron a la edad indicada (por lo general, a la edad de cinco o antes) y diferenciamos con claridad entre el imaginario relato de San Nicolás y la preciosa verdad de la Navidad, su fe en Jesús no sufrió ninguna crisis al descubrir que solamente fingíamos creer en San Nicolás por diversión. «Todo es puro para los de corazón puro».

Nuestra preocupación durante la Navidad no debe ser que las personas puedan divertirse demasiado en ella. Tampoco debemos sentir celos por parte de Jesús si otras personas no prestan suficiente atención al pesebre. Antes, debemos unirnos para disfrutar de una sana diversión o disculparnos por el juego de San Nicolás con un buen espíritu y plena convicción de fe en Cristo.

En cualquiera de los dos casos, debemos tomar cuidado especial en cuanto a que hagamos todo para *honrar al Señor*, asegurando que Cristo reine en nuestras familias y en nuestros corazones como la verdadera Estrella de la Navidad; y que el gozo que Él trajo a la tierra se refleje en nuestros propios rostros.

Creador del buen humor y Fuente de toda sana diversión, te agradecemos por todos los gozos y placeres que experimentamos durante la Navidad. Al abrir los obsequios este año con las personas que amamos, que nuestro gozo te complazca. Que nuestro buen humor refleje tu confianza eterna en el buen éxito de tu plan con la creación y su redención. Que seas honrado en nuestros corazones y en nuestras casas. Amén.

NO HAY POSADA

> Mientras estaban allí, llegó el momento para que
> naciera el bebé. María dio a luz a su primer hijo
> varón. Lo envolvió en tiras de tela y lo acostó
> en un pesebre, porque no había alojamiento
> disponible para ellos.
> —Lucas 2:6-7

En México y muchos otros países latinoamericanos, una de las costumbres más famosas para celebrar la Navidad se conoce con el nombre de las «Posadas». Celebrada por nueve días entre el 16 y el 24 de diciembre, la tradición cuenta con una herencia aproximada de unos mil años y se festeja en muchas modalidades de acuerdo a las regiones. En una de sus expresiones clásicas, dos niños —vestidos como José y María—, van al frente de una procesión de infantes llevando candelas encendidas. Recorren la aldea o el vecindario de casa en casa y clamando el siguiente estribillo: «Posada para la Virgen María y el Niño Jesús». A lo que los habitantes contestan: «No, no hay posada», hasta que al fin los pequeños llegan a una casa predeterminada, en la que serán invitados a entrar. Les esperan una piñata y una fiesta con regalos sencillos y comida, acto en el cual celebrarán la provisión de la posada para los santos peregrinos.

En el relato bíblico de la llegada de María a Belén narrado por la versión Reina-Valera las últimas palabras de Lucas 2:7 se traducen como sigue: «No había lugar para ellos en el mesón». No solamente faltaba lugar para ellos allí, ni siquiera existía tal mesón. Por lo menos Lucas no menciona ningún mesón en la original versión griega. Lucas sabe la palabra griega para mesón, *pandocheion*, la cual él utiliza en la historia del buen samaritano en Lucas 10:34. Pero aquí, emplea el vocablo *kataluma*, que quiere decir: «cuarto de huéspedes». Lucas usa esa palabra otra vez en 22:11 para referirse al «aposento» donde Jesús celebró las Pascuas con sus discípulos. Por supuesto, el mesón inventado por los traductores dio lugar a la leyenda del mesonero cruel que, si hubiera sido un caballero —o si hubiera querido impresionar a los jefes de la imaginaria cadena de hoteles— habría ofrecido su propio cuarto a una mujer embarazada antes que enviarla a acostarse en un pesebre.*

Lo escandaloso de este versículo va mucho más allá de un mesonero con el corazón frío. En la cultura del Israel bíblico, la hospitalidad tenía un rango de valor muy alto. Debido a que los hoteles no eran comunes fuera de las rutas de las caravanas en los tiempos de la antigüedad —ciertamente no había ninguno en un pueblito como Belén—, los viajeros necesitaban —de manera urgente— protección de los desconocidos que merodeaban por esos lugares en la noche.

---

* La situación real es que no había mesón en Belén. Tampoco debemos de pensar que Jesús nació en un establo, como tradicionalmente se imagina. Las casas en Belén tendían a incluir un pesebre y un lugar para que los animales pasaran la noche en su primera planta, un lugar familiar donde toda la familia dormía, y tal vez un aposento para huéspedes. También era común que los pesebres fueran ubicados en cuevas, sobre las cuales se construían las casas. Lo indudable es que las condiciones del nacimiento de Jesús fueron muy pobres.

Los habitantes de Belén sabían muy bien su responsabilidad moral en cuanto a prestar posada. El verdadero escándalo de la primera Navidad es que no hubo ni una sola familia en aquel pueblo dispuesta a proveer un aposento para el nacimiento de Cristo. Si lo hubieran hecho, todavía los celebraríamos entre los más grandes héroes de la Navidad.

La tradición de las «Posadas», en efecto, muestra la realidad que José y María enfrentaron; en la cual todos los habitantes de Belén se convirtieron en aquel tristemente famoso «mesonero cruel». El espectro del escándalo todavía espanta nuestras casas en la actualidad. ¿Hemos visto a Jesús como un individuo hambriento, desnudo, sediento, enfermo o como un desconocido encarcelado? ¿Será que Él simplemente no ha aparecido o que hemos fallado en reconocerlo? ¿Cómo ministraremos a las necesidades de Jesús durante esta Navidad y a través del año entrante?

Señor Jesús, nos gustaría creer que si hubiéramos vivido en Belén, te habríamos entregado nuestro lugar para recibirte. Ayúdanos a reconocer las oportunidades que surjan para mostrar nuestro amor por ti al dirigirnos a suplir las necesidades de otros inocentes que se presentan ante nosotros en tu lugar. Amén.

LA FIESTA DE LÁZARO
¡REGOCIJAOS!

> Dicho esto, gritó con todas sus fuerzas:
> ¡Lázaro, sal fuera! El muerto salió, con vendas
> en las manos y en los pies, y el rostro cubierto
> con un sudario. «Quítenle las vendas y dejen
> que se vaya», les dijo Jesús.
> —*Juan 11:43-44*

Según la tradición cristiana debemos regocijarnos en el tercer domingo de la temporada de Adviento, en anticipación a la Navidad, pero también en la celebración de San Lázaro, a quien Jesús levantó del sepulcro. Yo siempre he encontrado interesante que no sabemos casi nada acerca de Lázaro. Sabemos que vivía en Betania, tenía dos hermanas, murió y salió vivo de la tumba como respuesta a la orden de Jesús. No sabemos lo que hizo después.

¿Por qué, entonces, lo levantó Jesús de entre los muertos? Muchas veces cuando alguien apenas escapa de la muerte o se recupera de lo que se suponía una enfermedad mortal, asumimos que Dios tiene que haberlo rescatado por alguna razón trascendental, tal vez para que pudiera cumplir alguna asignación especial. Pero las cosas no necesariamente funcionan así. Jesús explicó de antemano que la muerte y resurrección de Lázaro ocurrió «para que crean. Pero vamos a verlo». El siempre pesimista Tomás replicó: «Vayamos también nosotros, para morir con él» (Juan 11:15-16).

Algunas tradiciones orales poco fidedignas surgieron en los siglos que siguieron a dicho evento. Según una de ellas, Lázaro volvió del Hades tan traumatizado por lo que había visto durante casi media semana allí que nunca más pudo volver a sonreír, a pesar de que vivió otros treinta años. Es probable que tal leyenda haya servido para espantar a mucha gente del medioevo e inspirarlas a evitar el infierno —y, de hecho, de las personas de nuestra era moderna también deben intentar lo mismo—, pero su mejor función didáctica es para enseñarnos qué no debemos hacer con la vida eterna que hemos recibido. No debemos pasar el resto de nuestras vidas en un ambiente de tristeza esperando el cielo.

La vida eterna, como la presenta el Evangelio de Juan, no se refiere a algo que tenemos que esperar. Más bien, es la calidad de vida (literalmente la vida de las edades o del mundo venidero) que comenzamos a vivir cuando llegamos a la fe en Cristo. Los que sabemos por fe que hemos heredado la vida eterna, comenzando ahora mismo, tenemos todos los motivos para regocijarnos en gran manera.

Dios tiene un lugar para todos. Por cierto, todos conocemos y amamos a alguien que muestra una personalidad como la del burrito Ígor, el de las historietas de Winnie Pooh. Como sugiere la historia de Lázaro, el apóstol Tomás parece haber tenido una disposición melancólica. Juan el Bautista, a quien también celebramos en la tercera semana de Adviento, igual parece haber tenido un carácter muy serio. No estamos obligados a fingir un estado feliz, ni siquiera durante la

Navidad. Pero cada uno de nosotros debemos sacudirnos de vez en cuando con el fin de eliminar la tristeza y reconocer que la Navidad representa el gozo para el mundo, sobre todo para los que hemos puesto nuestra fe en Jesucristo y hemos comenzado ya a vivir en la edad venidera.

Oh Espíritu Santo y dador de la vida, úngenos hoy con el aceite del gozo, tal como el Padre ungió a Jesús. Ayúdanos a fijar nuestra atención en la verdad de que Cristo derrotó a la muerte; no solo para Lázaro sino para todos los que confían en Él. Así como los discípulos que vieron a Lázaro salir de la tumba, sabemos que Cristo ha resucitado de una vez para siempre. Levantamos nuestros corazones a ti, siempre regocijándonos, orando continuamente, dando gracias en todas las cosas y cumpliendo la voluntad de Dios en Cristo Jesús. Amén.

LA NAVIDAD Y LA MELANCOLÍA

Ciertamente llevó él nuestras enfermedades,
y sufrió nuestros dolores; y nosotros le tuvimos
por azotado, por herido de Dios y abatido.
—*Isaías 53:4*

Uno de mis villancicos favoritos no se conoce en castellano. Redactado por Lee Mendelson y Vince Guaraldi para un programa especial de televisión en 1965, *A Charlie Brown Christmas*, la canción *«Christmastime is Here»* (La temporada de Navidad ha llegado) combina un tono melancólico de jazz con una letra feliz.[10] Al reflexionar en por qué me gusta tanto esa canción irónica, me preguntaba por qué yo mismo tiendo a sentir melancolía en la temporada de Navidad, tiempo que es justamente para «nuevas de gran gozo» (Lucas 2:10). De inmediato se me ocurrió que, al acercarnos al solsticio, el año muere y las horas de luz solar se acortan; por lo que a la edad de cincuenta y nueve, no hay nada en ese concepto de los «días más cortos» que me parezca feliz. Sin embargo, mi melancolía en la Navidad va más allá del mero calendario solar.

También reflexioné en que la Navidad presente me acuerda a algunas de las navidades pasadas. Recuerdo algunas mañanas navideñas específicas relativas a mi niñez y los regalos que recibí con tanta emoción, pero también llegan a mi mente los tristes años oscuros de mi juventud cuando mi madre decidió dejar de decorar nuestra casa para la Navidad puesto que había llegado a verlas como "paganas".

Recuerdo la tristeza que acompañó a su caída en la depresión y el posterior divorcio que sufrió. Pero no olvido la primera Navidad después que ella salió, cuando me rebelé en contra de la oscuridad y fui al bosque para cortar un árbol junípero y dirigir a mi familia a volver a adornar nuestra casa y celebrar la Navidad.

Cuando Kathleen y yo establecimos nuestro hogar, comenzamos una tradición anual de comprar o hacer un adorno para el árbol con el objeto de recordar la mejor cosa que nos sucede cada año. Al decorar el árbol navideño cada año contamos la historia de la gracia de Dios en nuestra familia a lo largo de nuestras vidas. Entre las mejores memorias, siempre aludo a las luchas que superamos cada año.

Pero con todo el gozo ligeramente controlado de la Navidad, la melancolía halla su raíz en el mero evento navideño en sí mismo. Los cristianos tienen una larga tradición de cantar villancicos melancólicos en claves menores. La Navidad significó gozo para el mundo, pero también implicó pavor, reflexión y dolor para María y José. También incluía la humildad, la debilidad y la vulnerabilidad del bebé Jesús, y una vida de continua lucha.

Así que, entre todo el gozo que entró al mundo, un poco de melancolía nos puede hacer bien. Entretanto, la felicidad y el pavor, la tontería y el asombro, la superficialidad y la profundidad su unen al mismo tiempo en un solo lugar por la misma razón. Es justo y bueno abrazar la seriedad en la temporada de Navidad y también celebrarla con gran gozo. Mientras observas las fiestas este año, que la presencia de Dios esté contigo.

Oh Varón de Dolores, crucificado por nuestro gozo, te abrazamos en gratitud. Ciertamente tú llevaste nuestras enfermedades, y por tu llaga fuimos nosotros curados. Perdona nuestros pecados, como también nosotros perdonamos a los que pecan contra nosotros. Ayúdanos en nuestra seriedad a mantener presente tu gozo. Amén.

19 de diciembre

LA HUMILDAD
NAVIDEÑA

Entonces dijo María: «Mi alma glorifica al Señor,
y mi espíritu se regocija en Dios mi Salvador,
porque se ha dignado fijarse en su humilde
sierva. Desde ahora me llamarán dichosa todas
las generaciones, porque el Poderoso ha hecho
grandes cosas por mí. ¡Santo es su nombre!»
—*Lucas 1:46-49*

Corazón Aquino asumió una gestión increíble cuando
fue electa presidenta de las Filipinas en 1986 y la mane-
jó con una humildad que sorprendió al mundo. Su fortaleza,
serenidad, honestidad e integridad se convirtió en un ejemplo para todas las naciones. Cuando aceptó el prestigioso
Premio Fullbright después de finalizar su gestión con una
transferencia pacífica del poder a un sucesor electo, ella dijo:

Todo comenzó con una persona ordinaria, puesta
por la Providencia al mando de un pueblo tan
ordinario como ella misma. No soy héroe como
Mandela. La mejor descripción para mí, al fin y al

cabo, es la que mis críticos ofrecieron: Ella no es nada más que una sencilla ama de casa.[11]

¡El ser humilde no significa que uno no pueda lograr grandes cosas!

María desplegó la misma clase de humildad cuando se puso de acuerdo para servir a Dios como la madre virgen del Mesías. Ella se dio cuenta de que no tenía nada que la hiciera merecedora de su elección. Ella solamente era una persona común y corriente, pero sabía que Dios podía usar su condición humilde. En el Magníficat, su canto de alabanza a Dios, se identificó con los pobres y los que necesitaban misericordia, con los humildes y los hambrientos. Cuando Jesús describió a la comunidad de los bienaventurados en su Sermón del Monte, pudo haber dirigido esas palabras directamente a su madre. María se encontraba entre los que Jesús vio como bienaventurados, tanto que además ella reconoció que todas las generaciones la llamarían bendita.

Santiago 4:6 y 1 Pedro 5:5 (NTV) declaran que «Dios se opone a los orgullosos, pero da gracia a los humildes». Con su humildad, María recibió gracia para concebir y dar a luz a Jesús, así como también para criarlo de manera piadosa. Si aspiramos a hacer grandes cosas para Dios, haremos bien modelando la humildad de María y dejándole a Dios concebir en nosotros una visión que nunca podríamos imaginarnos solos. La humildad nos asegura la gracia de Dios, pero el orgullo solamente nos trae su oposición.

Te agradecemos, Señor Jesús, por hacerte manso y humilde por nosotros. Te damos gracias por el poder que modelaste desde abajo. Ayúdanos a vernos tal como verdaderamente somos y no subestimar nuestro futuro basados en lo que somos hoy, para que crezcamos a diario en el poder que irradia el confiar en ti. Amén.

LA VIGILIA DE SANTO TOMÁS

NOCHE DE PAZ

> Llegó el momento para que naciera el bebé. María
> dio a luz a su primer hijo, un varón. Lo envolvió
> en tiras de tela y lo acostó en un pesebre, porque
> no había alojamiento disponible para ellos.
> —*Lucas 2:6-7*, NTV

*P*or siglos, las iglesias han observado en esta noche la vigilia de Santo Tomás, lo que da ocasión para pensar en aquella noche que María, José y los pastores pasaron hace dos mil años en Belén. Varios villancicos celebran esa noche, desde el resonante «Santa la Noche» (en el cual los cantantes tratan de despertar a los ángeles *in excelsis* con su elevadísima nota alta) hasta el sentimental «Allá en el pesebre» en el cual, «no llora el Niño, pues es puro amor». Como podría haber concluido Tomás, puro amor que era, es dudable que no llorara.

Quizás dos austríacos proveyeron el villancico más conocido del mundo que trata sobre Belén: «Noche de paz». En 1818, un pastor luterano llamado Joseph Franz Mohr convenció a un amigo compositor, llamado Franz Xavier Gruber, para que creara una pieza musical —de manera urgente— para uno de sus poemas, con el objeto de que su coro pudiera cantarlo más tarde en la misa de Noche Buena. Dado que el río Salzach había inundado la iglesia, y se descompuso el órgano de tubos, la obra tuvo que ser orquestada para guitarra. El coro y el guitarrista rápidamente se aprendieron la obra y el resto es historia. La tradición en Austria exige que la gente se abstenga de cantar «Stille Nacht» hasta que llegue Noche Buena.[12]

No tenemos por qué pensar que la vigilia de Belén en realidad pasó más tranquilamente que cualquier otra noche. Con el acompañamiento de las fuertes proclamaciones entonadas por las huestes angelicales, el llanto inevitable del bebé, el mugido del ganado y el balido de las ovejas así como también el estruendo de los grillos, es probable que aquella noche fuera poco silenciosa. La historia de Lucas nos cuenta acerca del asombro de los pastores, que inmediatamente comenzaron a correr la voz a todos de lo que habían visto; tal vez hasta despertando a los vecinos para hacerlo.

Sin embargo, la canción sirve de ícono. A diferencia de un ídolo, que un adorador mira directamente, uno mira a través de un ícono. Cuando contemplamos la realidad a través del lente de la vigilia de Belén, vemos la paz celestial. Sentimos la tranquilidad en nuestras almas y la proyectamos a aquella noche lejana, remota y santa. Al igual que María, guardamos y atesoramos en nuestros corazones lo que hemos visto y oído.

Señor Jesús, te agradecemos por tu paz. Gracias por cada noche tranquila que pasamos en el pacífico sueño, pero también por tu presencia en medio de la agitación y los problemas. Haznos conscientes de tu presencia, a pesar de cualquier cosa que enfrentemos. Amén.

LA FIESTA DE SANTO TOMÁS

LA NAVIDAD Y LA DUDA

Cuando José se despertó, hizo lo que el ángel
del Señor le había mandado y recibió a
María por esposa.
—*Mateo 1:24*

En este día, por tradición, hemos celebrado la fiesta de
Santo Tomás, el cual coincide normalmente con el
solsticio de invierno en el hemisferio norte, donde nació el
cristianismo. La coincidencia seguramente no fue acciden-
tal, pues la luz solar se percibe menos en este día más oscuro
del año y mucha gente lucha con la infame «Enfermedad
Emocional Estacional» durante esta temporada, sintiendo
depresión y melancolía. Tomás, como recordamos, era el
discípulo melancólico que, entre otras cosas, dudaba de la
resurrección del Señor.

La Navidad puede ser un tiempo de duda a la misma
vez que sirve como período de afirmación para la fe. Algunos dudan del todo si la Navidad debe celebrarse de cualquier forma. De hecho, es posible que la primera Navidad

no ocurriera durante el invierno. Clemente de Alejandría reconoció, alrededor del año 200 de la era cristiana, que los estimados del día del nacimiento de Jesucristo variaban bastante, pero todos estaban convencidos de que ocurrió durante la primavera o el verano (de marzo a agosto en Palestina). Sin embargo, un par de siglos después, San Agustín aseveró con confianza que Jesús «nació en el día que es el más corto en cuanto a nuestros cálculos terrenales y desde el cual los días comienzan a incrementar en su largura».[13] Él había aceptado una teoría popular de que Jesús había muerto en el 25 de marzo y que seguramente había sido concebido en esa misma fecha, haciendo el 25 de diciembre el día de su nacimiento; un día que coincidía con el solsticio de invierno en el calendario romano.[14] Esa teoría dudosa sin embargo encuentra apoyo en la idea de que la visita angelical a Zacarías, en Lucas 1:11, probablemente habría ocurrido a finales de septiembre, con María visitando a Elisabet en su sexto mes de embarazo de Juan, sugiriendo una fecha para el nacimiento de Cristo a finales de diciembre.[15] La verdad es que, en este lado del cielo, nunca sabremos a ciencia cierta la fecha del nacimiento de Cristo.

Otros pueden dudar del mismo milagro de Navidad en sí, que el «Verbo fue hecho carne y habitó entre nosotros» (Juan 1:14, RVR1960). Los evangelios de Mateo y Lucas declaran el nacimiento virginal como el medio por el cual Dios engendró a un hijo en la persona de Jesús. Aunque tal milagro claramente no desafiaría el poder del Dios que hizo la humanidad con el polvo de la tierra, muchos han encontrado el nacimiento virginal difícil de creer; sobre todo durante los días cortos, fríos y nublados a mediados de invierno, cuando todo el mundo parece ser lo más oscuro.

Sin embargo, medita en José. Con todo y una visitación angelical, debería haber sufrido dudas. ¿Lo había visitado un ángel del Señor realmente o podría haber sido un espíritu malo? ¿Había sufrido María un lapsus moral o un rapto antes de que él pudiera llevarla a su hogar en calidad de esposa? ¿Podría él manejar la vergüenza que lo seguiría cuando la gente asumiera que el «seguramente tiene que haber sucumbido a la tentación» antes que su matrimonio fuera finalizado?

Ningún milagro puede convencernos tan plenamente que no podamos dudar de él cuando la mente sufre de enfermedad mental, heridas emocionales, fatiga o pruebas que sobrepasan nuestra fortaleza. Pero José creyó a Dios, actuó en base a su creencia y protegió de manera fiel a la bendita virgen que dio a luz a su Salvador, que también es el nuestro. ¿Quiénes somos nosotros para dejar que la duda nos venza cuando él se aferró con tanta firmeza a la fe?

Oh Padre, que nos has dado a tu Hijo unigénito para que creyendo en Él podamos tener la vida eterna, levanta nuestros corazones en estos oscuros días de invierno; renueva nuestra esperanza; deleita nuestras almas; y fortalece nuestra fe para hacer buenas obras para tu gloria mientras el mundo entero se junta con nosotros para celebrar a Jesús. Que nuestros esfuerzos inspiren a otros a creer en el milagro de la Navidad.

ÁNGELES NAVIDEÑOS

A ellos se les reveló que no se estaban sirviendo
a sí mismos, sino que les servían a ustedes.
Hablaban de las cosas que ahora les han
anunciado los que les predicaron el evangelio por
medio del Espíritu Santo enviado del cielo. Aun
los mismos ángeles anhelan contemplar esas cosas.
—*1 Pedro 1:12*

Así como los hombres y las mujeres del Antiguo Testamento escudriñaban las profecías mesiánicas, a través de los siglos, para tratar de discernir el plan de Dios y los tiempos de su cumplimiento, los ángeles se preguntaban cuándo sería ese tiempo. Los ángeles no disfrutan de la omnisciencia y así como no sabían cuándo vendría el Mesías, tampoco conocen el día y la hora del retorno de Cristo a la tierra (Mateo 24:36). Pero como Ana y Simeón, que frecuentaban el templo anticipándose a la consolación de Israel (Lucas 2), los ángeles anhelaban la venida de aquel día.

Cuando el tiempo llegó, vemos la ráfaga más intensa de actividad angelical en toda la Biblia. Ángeles apareciéndose a Zacarías, a José, a María y a los pastores galileos con el objeto de anunciar al precursor, la concepción y la venida del Mesías. A través del ministerio de Jesús, los ángeles permanecieron a su lado, esperando ser designados a servir. Cada giro de la trama los asombraba y los deleitaba. Luego aparecieron después de la resurrección, rodando la piedra de la tumba y declarando las buenas nuevas a las mujeres que seguían a Jesús. Tras la ascensión, anunciaron que Jesús volvería de la misma manera en la que había ascendido.

Pero no saben cuándo ha de volver. Anhelan contemplar esas cosas y recibir el día de la victoria de Dios, pero al igual que nosotros, tendrán que esperar. Ellos recibirán el anuncio del desenvolvimiento del plan de Dios justo antes que nosotros y pasarán a la acción con celeridad para hacer lo que los ángeles hacen: ¡declarar el mensaje!

Hasta ese entonces, tiene que hacer la obra de Dios entre nosotros. No sabemos cuándo encontraremos un ángel; sin embargo, Hebreos 13:2 dice que algunos han hospedado ángeles sin saberlo. Hechos 13:7-15 refleja la antigua creencia judía de que todos tenemos un ángel guardián que nos cuida. Es probable que nunca veamos un ángel, pero una cosa parece segura: ellos nos sirven con una vívida expectativa de la venida de Cristo.

Al hablar y cantar acerca de los ángeles en la Navidad, no debemos concentrarnos en percibirlos en medio nuestro sino, como ellos, fijar nuestros ojos en Cristo, anhelando el día de su manifestación.

Oh Dios que reinas en el cielo, que nos has hecho un poco menor que los ángeles y haces a tus siervos llamas de fuego, úngenos con el aceite del gozo mientras recordamos el nacimiento de nuestro Salvador y miramos hacia su próximo advenimiento. Que nuestro anhelo por tu presencia en el cielo alumbre nuestra senda por este mundo oscuro. Como los ángeles de la Navidad, que podamos anunciar tu evangelio a todos, especialmente durante este tiempo tan maravilloso del año. Amén.

NAVIDAD HOGAREÑA

> María dio a luz a su primer hijo, un varón. Lo
> envolvió en tiras de tela y lo acostó en un pesebre,
> porque no había alojamiento disponible para ellos.
> —*Lucas 2:7*, NTV

No hay una época que asociemos más con el hogar que la Navidad. Todos quieren estar alrededor de ese árbol navideño o, al menos, sentarse ante la mesa de la cena navideña, disfrutando del círculo familiar en calor y con seguridad. Pero cuando uno piensa en la primera Navidad, ninguno de sus protagonistas estaba en su casa para la ocasión. María y José habían dejado su hogar, ni siquiera pudieron encontrar un aposento. Los pastores habían dejado sus campos y sus rebaños. Los reyes magos viajaron desde lejos de su hogar camino a ver al niño Jesús un tiempo después de la Navidad. Jesús, por supuesto, era el que más lejos de casa había viajado: dejando la gloria del cielo y el compañerismo del Padre y el Espíritu Santo para tomar sobre sí y con humildad el evento de la encarnación humana. En verdad, solamente los villanos de la historia navideña —Herodes y el infame mesonero imaginario (y todos los reales habitantes poco hospitalarios de Belén)— estuvieron en casa. En una gran ironía, el verdadero significado de la Navidad no tiene nada que ver con estar en casa. Pero tiene todo que ver con dejar la casa por una misión noble y santa como es salvar a los que se han perdido y están lejos de Dios sin su ayuda, aquellos que enfrentan la pérdida de su hogar celestial por la eternidad.

Les agradezco mucho a Jesús, que dejó su hogar por salvarnos, y a los héroes de la Navidad que dejaron sus hogares para estar con Él y atender su humilde nacimiento. Estoy agradecido también por los miembros del servicio militar que pasarán la Navidad lejos de casa en defensa de nuestra nación y sus valores. Muchas personas reflejarán su gratitud a sus parientes emigrantes en Estados Unidos, Europa o en cualquier rincón del mundo, que les envían remesas de dinero abnegadamente para apoyarlos desde lejos, al costo de no poder pasar la Navidad en familia. Estoy también agradecido por los misioneros que pasarán la Navidad fuera de casa este año en servicio cristiano alrededor del mundo. Como héroes de la Navidad, dejan sus hogares para ayudar en el nuevo nacimiento de otras personas.

Oh Dios, rogamos que visites a todos los que pasarán esta Navidad fuera de sus casas sirviendo a otros y que el verdadero Espíritu de Navidad —el Espíritu Santo de Dios— unja sus esfuerzos y multiplique sus dones de forma que puedan presentar a Dios a innumerable cantidad de almas con las que nos reuniremos al final, cuando lleguemos a nuestro verdadero hogar de una vez y para siempre.

LA FIESTA DE ADÁN Y EVA

LA SALVACIÓN A TRAVÉS DEL NACIMIENTO

Entonces el Señor Dios le dijo a la serpiente:
«Y pondré hostilidad entre tú y la mujer, y
entre tu descendencia y la descendencia de ella.
Su descendiente te golpeará la cabeza, y tú le
golpearás el talón».
—*Génesis 3:14-15, NTV*

En apariencia, la maldición de Dios a la serpiente parece algo claro y sencillo. Las víboras y los seres humanos, por lo general, se odian mutuamente; por lo que, en un encuentro salvaje, se atacarán ante la primera amenaza. A nivel espiritual, esa maldición puede entenderse como la implicación de que Eva ganaría la victoria sobre su enemigo con solo engendrar hijos, los cuales asegurarían la supervivencia humana y continuarían batallando contra nuestro enemigo. Pero los cristianos han percibido un «sobrante profético» en el significado de aquellas palabras desde que el Hijo de María aplastó la cabeza de la «serpiente» que le golpeó. El Hijo del Hombre, nacido como un segundo Adán del vientre de una virgen, proveería la victoria final sobre Satanás.

Satanás odia a Dios y sabe que no tiene suficiente habilidad como para triunfar en una guerra contra el cielo. El vasto poder de Dios ya lo ha derrotado y lo ha desplazado, pero él sigue librando su guerra contra la humanidad amada por Dios, sabiendo que la guerra directa contra Él siempre será fútil. Habiendo caído en el pecado, la humanidad tiene que decidirse por renunciar al diablo y sus obras y, dado que carece de poder para derrotarlo, debe confiar decididamente en la ayuda de Dios. Sin embargo, Pablo sugiere que nosotros los seres humanos tenemos una solución infalible para derrotar a Satanás: reproduciendo hijos (1 Timoteo 2:15).

Dios ha intentado eternamente llevar a muchos hijos e hijas a la salvación, por lo que se deleita de manera especial con cada bebé que entra al mundo. Satanás, por otro lado, odia a los niños y desea destruirlos a todos y cada uno de ellos. En nuestra época, el aborto y la infertilidad voluntaria subvierten la supervivencia de pueblos, como las bajas tasas natalicias que reducen las poblaciones de todos los países desarrollados del mundo. Satanás se complace y la humanidad sufre la derrota. La batalla es, de hecho, peligrosa. Como escribió Martín Lutero cuando nos enseñó a cantar: «Acósanos Satán; con armas deja ver astucia y gran poder... nuestro valor es nada aquí; con él todo está perdido. Mas con nosotros luchará de Dios el escogido; Él triunfa en la batalla».[16]

Engendrar hijos ha mantenido a la humanidad floreciente desde el principio, pero todo habría sido pérdida sin el elegido Hijo de Dios. Si María no hubiera engendrado al Hijo del Hombre —el fruto de un vientre virginal que ganaría la batalla decisiva contra Satanás en la cruz— nuestra derrota habría sido inevitable. Imagínate la alegría de la serpiente Satanás cuando los clavos mordieron los talones de Jesús en la cruz. Contempla su consternación cuando Cristo triunfó sobre la muerte, el Hades y la tumba: parado triunfante sobre esos mismos talones. Su triunfo era el cumplimiento total de una muy sutil profecía de la victoria humana sobre nuestro enemigo.

Oh niño santo de Belén, ven a nosotros hoy. Perdónanos nuestros pecados, llena nuestros corazones y guíanos en tus sendas. Que caminemos en la victoria que has provisto mediante tu vida, muerte y resurrección. Protégenos en la batalla espiritual que ruge alrededor nuestro y extiende tu gracia a todo el mundo. Ayúdanos a derrotar al pecado y la maldad dondequiera que los enfrentemos. Bendice a cada mujer embarazada con el sentir de la dignidad salvífica que ella representa. Danos otra generación, nacida en nuestro mundo, para que podamos alegrar el corazón de Dios. Amén.

El primer día de Navidad

Hoy te he engendrado

> El rey proclama el decreto del Señor:
> «El Señor me dijo: "Tú eres mi hijo.
> Hoy he llegado a ser tu Padre. Tan solo pídelo,
> y te daré como herencia las naciones,
> toda la tierra como posesión tuya"».
> —*Salmos 2:7-8*

Como vimos en Isaías 9, los salmos reales de la dinastía davídica, compuestos para su uso en la coronación de los reyes de Judá, establecieron el tono para las profecías mesiánicas que serían cumplidas en Jesús. En toda la pompa y ceremonia de la coronación, los israelitas, al igual que los otros pueblos de la antigüedad, veían simbólicamente a sus reyes como nacidos de nuevo cual hijos de Dios. El primer día de su reinado era, en cierta forma, el día que comenzaban a vivir verdaderamente.

Cuando María dio a luz a Jesús en Belén, los salmos reales cobraron vigencia de una manera mucho más literal. El simple Hijo de Dios apareció en carne humana. Así como el acto creativo de Dios al engendrar a Adán, Cristo vino como un segundo Adán formado en el vientre de una virgen. Aunque ningún rey israelita jamás pudo recibir literalmente a todas las naciones como su herencia, Cristo ganó el derecho soberano de reinar sobre todas las naciones con su muerte en la cruz por cada hombre y mujer de la tierra. En su futura capital, la Nueva Jerusalén, cada nación, pueblo, lengua y tribu desfilará delante de su trono declarando: «La salvación viene de nuestro Dios … y del Cordero» (Apocalipsis 7:10). «El reino del mundo ha pasado a ser de nuestro Señor y de su Cristo; y él reinará por los siglos de los siglos» (Apocalipsis 11:15).

Al celebrar el nacimiento de Cristo, lo haremos como los que se han sometido a su reino. Parte de nuestra celebración surge de nuestra propia adopción como hijos e hijas de Dios. Nacidos de nuevo por el Espíritu que cubrió con su sombra a la virgen María, hemos pasado de la muerte a novedad de vida. Por el nacimiento, la muerte y la resurrección de Jesús, nosotros mismos hemos nacido de Dios.

La gente dice que todos se vuelven niños en la Navidad. Es posible que esa bendita nostalgia infantil provenga de nuestro reconocimiento de que celebramos no solamente el nacimiento de Jesús sino además el nuestro y también nuestra coronación. ¿Quién no se siente como un niño en su día de cumpleaños? ¡Feliz Navidad y feliz cumpleaños a ti!

Oh Señor y Padre de todos nosotros, venimos delante de ti con acción de gracias y júbilo. Echamos nuestras coronas de vencedores ante tus pies, reconociendo que toda la gloria pertenece a Cristo. Anhelamos el día de su retorno, cuando su gloria sea revelada en nosotros. Aunque no nos ha sido manifestado lo que hemos de ser, sabemos que seremos semejantes a Él porque le veremos tal como es. Por esa luz, penetraremos toda la oscuridad, soportando las cadenas del tiempo hasta que Él venga a reinar. Amén.

El segundo día de Navidad

La fiesta de San Esteban

Al oír esto, rechinando los dientes montaron en
cólera contra él. Pero Esteban, lleno del Espíritu
Santo, fijó la mirada en el cielo y vio la gloria de
Dios, y a Jesús de pie a la derecha de Dios.
«¡Veo el cielo abierto» —exclamó—, «y al Hijo
del hombre de pie a la derecha de Dios!»
—*Hechos 7:54-56*

Como dice un viejo villancico inglés,

El viejo rey Wenceslao miró
durante la fiesta de San Esteban,
cuando la nieve estuvo por todos lados
profunda, crujiente y nivelada.
Brillante resplandeció la luna aquella noche,
aunque el hielo era cruel,
cuando un pobre se acercó
buscando combustible para el invierno.

Conmovido por la necesidad del hombre, Wenceslao dijo a su paje:

Tráeme carne y tráeme vino,
tráeme maderos de pino.
Tú y yo lo veremos comer
cuando se lo llevamos a él.[17]

En Inglaterra, la gente tradicionalmente celebra la fiesta de San Esteban como «Boxing Day» (Día de las cajas), una ocasión que llama a los adinerados a servir a los pobres. Los jefes en las empresas dan «cajas navideñas» a sus empleados, así como hacía el rey Wenceslao. Considera, a la luz de tal tradición, la muerte de San Esteban, el primer mártir de la Iglesia. Entregó su vida por declarar públicamente que Jesucristo era el Hijo del Hombre, a quien los profetas habían anunciado desde siglos anteriores. Al declarar a Jesús como Dios en carne y sangre humana, Esteban ofreció la carne de Jesús como verdadera comida y su sangre como bebida verdadera. Su esperanza era dar a comer el pan de vida eterna a los líderes de su pueblo, pero los poderosos se volvieron en contra de él y lo apedrearon hasta la muerte.

Así, irónicamente, en la fiesta de San Esteban, la tradición llama a los cristianos a buscar a los que tienen menos dinero y poder que ellos y darles de comer. Algún día de esta semana sería perfecto servir a los pobres en una misión de tu ciudad o tal vez para enviar una ofrenda a un ministerio que ayude a los necesitados. El punto, al final, no es honrar a San Esteban sino seguir el ejemplo de aquel que dejó los privilegios del cielo para entrar en nuestro mundo pobre con el pan de vida: Jesús.

Oh gran Dador de vida, te agradecemos por todas las bendiciones que hemos recibido este año y por la comida que hemos disfrutado con gozo en esta temporada. ¡Que nunca comamos en exceso, olvidando o ignorando al hambriento; para que Jesús no cruce nuestro camino de incógnito! Recibe nuestra generosidad para cumplir las necesidades de otros como un regalo ofrecido al mismo Señor Jesús. Amén.

EL TERCER DÍA DE NAVIDAD

EL DISCÍPULO AMADO

> Estaban de pie junto a la cruz la madre de Jesús,
> la hermana de su madre, María la esposa de
> Cleofas y María Magdalena. Cuando Jesús vio a
> su madre al lado del discípulo que él amaba,
> le dijo: «Apreciada mujer, ahí tienes a tu hijo».
> Y al discípulo le dijo: «Ahí tienes a tu madre».
> Y, a partir de entonces, ese discípulo la llevó
> a vivir a su casa.
> —*Juan 19:25-27*

La fiesta de San Juan celebra al discípulo que Jesús amaba. El Evangelio de Juan menciona el amor de Jesús por todos sus discípulos (13:1) y por María, Marta y Lázaro (11:5). Antes de morir, Jesús dijo: «Nadie tiene amor más grande que el dar la vida por sus amigos» (15:13). En un espíritu de humildad el autor se refiere a sí mismo como el discípulo amado, consciente de que todos los discípulos podían decir lo mismo.

Cuando María visitó el templo para consagrar a Jesús, Simeón le dijo que «una espada te atravesará el alma» (Lucas 2:35). Al ver al soldado abrir el costado de Jesús con una lanza, el alma de María también sangró. Jesús, que amaba a su madre, se había asegurado de que alguien estuviera a su lado cuando ese momento llegara, por lo que delegó el cuidado de ella a Juan, el mejor de sus amigos.

La consciencia del amor de Jesús determinó el curso del futuro de Juan. El nuevo mandamiento que Cristo dio —«que se amen los unos a los otros. Así como yo los he amado, también ustedes deben amarse los unos a los otros» (Juan13:34)— se hizo el tema central del apostolado de Juan. Por eso resuena repetidas veces en su evangelio y en sus cartas. La tradición nos cuenta acerca de cómo un viejo —Juan— en su novena década, continuaba viajando a las iglesias con un solo mensaje: «Ámense los unos a los otros».

Ningún mensaje puede expresar mejor el significado de la Navidad. Juan 3:16 nos declara: «Tanto amó Dios al mundo que dio a su Hijo unigénito, para que todo el que cree en él no se pierda, sino que tenga vida eterna». En perfecta coordinación, 1 Juan 3:16 afirma: «En esto conocemos lo que es el amor: en que Jesucristo entregó su vida por nosotros. Así también nosotros debemos entregar la vida por nuestros hermanos». La Primera Carta de Juan (4:11) señala: «Queridos hermanos, ya que Dios nos ha amado así, también nosotros debemos amarnos los unos a los otros».

En este tercer día de Navidad, todavía tenemos tiempo para dar a conocer nuestro amor a nuestra familia y a nuestros amigos, a nuestros hermanos en Cristo y a otros que estén fuera del círculo de la familia y de la fe.

Oh Dios Trino, que desde toda la eternidad has vivido en el compañerismo amoroso por excelencia —entre el Padre, el Hijo y el Espíritu Santo—, te agradecemos por ser el autor y la fuente de todo amor. Así como tú nos has amado, ayúdanos a amar a aquellos con quienes convivimos, dándonos a ellos en servicio sacrificial por su bien. Que todos los miembros de nuestra familia puedan sentir nuestro amor en esta temporada. Que nuestros vecinos, nuestros compañeros y aun nuestros enemigos puedan ver en nosotros el reflejo de tu santo amor. Amén.

28 de diciembre

EL CUARTO DÍA DE NAVIDAD

LOS SANTOS INOCENTES

> Cuando Herodes se dio cuenta de que los sabios se
> habían burlado de él, se enfureció y mandó matar
> a todos los niños menores de dos años en Belén y
> en sus alrededores, de acuerdo con el tiempo que
> había averiguado de los sabios.
> —*Mateo 2:16*

El libro de Apocalipsis (13:8) confirma que Jesús es «el cordero que fue sacrificado desde la creación del mundo». La decisión divina de dotar a la humanidad de libre albedrío implicó el inevitable hecho de que necesitáramos un Salvador, por lo que el destino de Jesús fue sellado junto con el nuestro. Por tanto, no hay nada que pudiera haber detenido su muerte vicaria por nosotros.

Por otro lado, los niños varones de Belén, conocidos en la tradición cristiana como «los santos inocentes», murieron en vano. No jugaban ningún rol en el plan de salvación. No eran «daños colaterales» necesarios en la guerra por nuestras almas. Antes, murieron por la atroz crueldad de un solo hombre. Herodes insistiría hasta el día de su muerte en que nadie podría sacarlo del poder, al punto que mataría aun a cualquiera de los miembros de su propia familia para asegurarse de que nunca pudieran derrocarlo de su trono.

¡Cómo quisiéramos que el de Herodes fuera un caso singular! Pero muchas personas, con una crueldad comparable a la de él, han reinado sobre las naciones y pueblos a través de la historia. Stalin, Hitler, Pol Pot y Saddam Hussein se cuentan como unos de los pocos asesinos masivos de nuestra era, que junto con sus pares contaminan, corrompen y profanan la historia humana. Todos ellos insistían en que reinarían sobre los demás, matando a los inocentes para mantenerse aferrados sangrientamente al poder hasta el mismo día de sus muertes.

Esos monstruos no representan a todos los hombres. Se destacan como los peores de nosotros. Pero la autonomía individual por la que vivían y mataban a otros nos amenaza con arruinar las vidas de todos nosotros. ¿Reinaremos en nuestras propias vidas como pequeños déspotas (o sea como innegablemente malos o aparentemente inocuos) o nos rendiremos al reino de Dios que Jesús trajo consigo a nuestro mundo? ¿Reinaremos en nuestras vidas o dejaremos al Rey Jesús mandar en nosotros?

Tal vez una persona en cada mil millones entre nosotros llegará a ser un Herodes, pero la verdad sigue en pie: Si tratamos de mantener la autonomía de nuestra vida, habrá causalidades de guerra por todos lados. ¿A quién heriremos al exigir el mando de nuestras vidas? ¿Será a un cónyuge traicionado? ¿A un bebé al que no le permitiremos nacer? (Trágicamente, son los bebés abortados el grupo más grande de santos inocentes en nuestro día.) ¿A un hijo o una hija ignorada? ¿A una amistad abandonada? ¿A un compañero de trabajo pisoteado por nuestros apetitos de progreso injusto? ¿Será a aquellas personas alrededor de nosotros que se merecen nuestro amor y servicio los que lleguen a ser los «santos inocentes» de nuestra historia? ¿O seremos nosotros mismos las víctimas más graves por rehusarnos rendir el control de todo al Señor?

Los muertos de los santos inocentes en el antiguo pueblo de Belén sirven para recordarnos que algo real está al borde del peligro en nuestras vidas. ¿Seremos parte de la campaña real del reino de Dios o libraremos nuestra propia batalla fútil por el control?

Oh Rey legítimo del universo, tú que me conoces por nombre y diste a tu único Hijo por mí, debo confesarte que hoy me rindo al señorío de Cristo para que Él pueda crecer y yo menguar. Que tu voluntad sea hecha en la tierra —en mí— tal como se cumple en el cielo. Por tu Espíritu, enséñame a considerar a otros antes que a mí mismo, a entregar mis propios privilegios para bendecirles y darles poder, a ser líder solamente para servir a otros, a florecer solamente en cuanto ello pueda aumentar la prosperidad de otros. Impera y manda sobre mí y por medio de mí para siempre. Amén.

El quinto día de Navidad

La Estrella de Belén

Después de que Jesús nació en Belén de Judea en tiempos del rey Herodes, llegaron a Jerusalén unos sabios procedentes del Oriente. «¿Dónde está el que ha nacido rey de los judíos?», preguntaron. «Vimos levantarse su estrella y hemos venido a adorarlo» … Después de oír al rey, siguieron su camino, y sucedió que la estrella que habían visto levantarse iba delante de ellos hasta que se detuvo sobre el lugar donde estaba el niño. Al ver la estrella, se llenaron de alegría. Cuando llegaron a la casa, vieron al niño con María, su madre; y postrándose lo adoraron. Abrieron sus cofres y le presentaron como regalos oro, incienso y mirra.
—*Mateo 2:1-2, 9-11*

El calendario cristiano asigna el día de hoy como la fiesta del Rey David, a quien podríamos considerar la «estrella» original de Belén. En tiempos modernos, el hexagrama o «estrella de David», ha llegado a simbolizar al pueblo judío, pero la Biblia nunca asocia a David con una estrella. Sin embargo, la famosa estrella mencionada en el Evangelio de Mateo le dio la bienvenida al descendiente mesiánico de David.

El Antiguo Testamento condena a la astrología con claridad meridiana, la cual no tiene nada que ver con la revelación bíblica. Pero Dios condujo a los reyes magos a Belén a través de una combinación única de su análisis astrológico y su dirección divina. ¡No hubo nada en el arte de ellos que pudiera haberlos apuntado a una casa particular en Belén! Sin embardo, Dios misteriosa y específicamente indicó exactamente donde ellos encontrarían al niño Jesús. En una analogía matemática, los sabios llegaron a la solución correcta a pesar de usar una metodología errada.

A decir verdad, no existe manera errónea de encontrar a Jesús. Muchas veces en la vida me he dicho: «Existen malas razones para llegar a Cristo, pero no las hay para permanecer con Él». Algunas personas buscan a Jesús debido a que le tienen temor al infierno o porque creen que Cristo volverá en cualquier momento. Otros se enamoran de un cristiano y comienzan a asistir a la iglesia. Yo he visto a personas que asisten a la iglesia solamente porque querían participar en un equipo de béisbol de la liga inter-eclesiástica. Una vez que llegan a la iglesia, encuentran a Jesús y al final, ¡no hay nada que importe más! Al encontrarlo a Él, comenzamos a darnos cuenta de cuán poco entendíamos antes que lo buscáramos.

El mejor motivo para coronar a Cristo como Rey es que reconozcamos su valor incomparable. Debemos servir a Cristo porque Él se merece toda la honra, el poder y el dominio. El hecho de que comencemos con nuestras propia ideas y necesidades no debe causarnos ninguna vergüenza. No importa cómo lleguemos a Cristo, ya que la grandeza de su amor y su presencia nos brinda toda la razón que necesitamos para seguirlo.

Santo Señor, tú eres la única estrella que adoraremos. Que podamos estar plenamente conscientes de tu dignidad y amarte por lo que tú eres. Santificado sea tu nombre en el mundo, adorado en todas las naciones y sobre todo por mí y los míos. Amén.

El sexto día de Navidad

El heredero de todo

Dios, que muchas veces y de varias maneras
hablo a nuestros antepasados en otras épocas
por medio de los profetas, en estos días finales
nos ha hablado por medio de su Hijo. A este lo
designó heredero de todo, y por medio de él hizo
el universo. El Hijo es el resplandor de la gloria
de Dios, la fiel imagen de lo que él es, y el que
sostiene todas las cosas con su palabra poderosa.
—*Hebreos 1:1-3*

El libro de Hebreos presenta el lenguaje más rico que
aparece en el Nuevo Testamento y ¡todo comienza
con un golpe grande —valga el cliché— un verdadero «big
bang». A través de la Palabra, Dios creó el universo, pero
durante la segunda creación, ¡nació la Palabra! Dios *habló* la
palabra final y definitiva de la profecía, declarando toda la
naturaleza divina y el plan de salvación a toda la humanidad.
En Jesús, Dios lo dijo todo.

La cristología del libro de Hebreos se eleva al nivel más alto. Jesús se muestra como igual al Padre, activo con Él en la creación, sosteniendo todo con la fuerza que puso todo en movimiento: su propia Palabra poderosa.

La elevada cristología de Colosenses 1 y Hebreos 1 forma la base en las Escrituras para la doctrina cristiana ortodoxa. Aunque nadie entiende totalmente la naturaleza de la Santa Trinidad, Hebreos 1:3 habla de Cristo como «el resplandor de la gloria de Dios, la fiel imagen de lo que es». Podríamos pensar en la creación y en nuestras propias vidas como los espejos en que ese resplandor y esa representación se pueden percibir a segunda vista. Cristo no solamente reflejó la imagen de Dios en su propio cuerpo humano, sino que sigue haciendo que la gloria de Dios resplandezca en nuestra participación de su reflejo.

Como Hijo de Dios que participó integralmente en la creación, Jesús permanece como el «heredero de todo». Las joyas de la corona son las naciones del mundo (Salmos 2:8). Ante Jesús, toda rodilla se doblará y cada lengua confesará que Él es Rey de reyes y Señor de señores.

Heredero de todo, te agradecemos que, por medio de ti, somos herederos de Dios y coherederos contigo; si en verdad compartimos tus sufrimientos. Ayúdanos a perseverar en fidelidad a ti y a las obras buenas que Dios nos ha predestinado a cumplir, para que podamos también compartir de tu gloria. Amén.

EL SÉPTIMO DÍA DE NAVIDAD

¡MARANATA!

Aquel que es el testigo fiel de todas esas cosas dice:
«¡Sí, yo vengo pronto!». ¡Amén! ¡Ven, Señor Jesús!
—*Apocalipsis 22:20*, NTV

Cuando yo tenía siete años, fue la época en la que Israel peleó la «guerra de los seis días» contra los poderes árabes encabezados por Egipto, Siria y Jordania. La guerra comenzó el lunes y rugió durante toda la semana. El jueves mi amigo Douglas, que asistía a una iglesia bautista al final de nuestra calle, me dijo que había escuchado contar en la iglesia que Jesús iba a volver el sábado. Así que seguí las noticias el jueves y el viernes mientras Israel se adentró profundamente en los territorios de sus enemigos, por lo que el fin de la guerra parecía inminente. Ya llegado el sábado —domingo en el Medio Oriente—, Israel declaró su victoria.

Me parecía perfectamente razonable que Jesús volviera el sábado, justamente como mi amigo me había avisado. Y, de hecho, mientras yo jugaba solo al frente de mi casa esa tarde, un viento recio sopló por nuestra calle con una nube de polvo. Yo era un niño muy flaco y el viento —con la fuerza de un vendaval— literalmente me haló por los pies. Por una fracción de segundo pensé que el Señor me llevaba en el Rapto, pero pronto me di cuenta de que para donde yo iba era hacia abajo, no para arriba. En medio del pánico —todo sucedió en el abrir y cerrar de un ojo polvoroso— busqué algo de qué aferrarme y agarré la antena de radio del Pontiac Catalina, del año 1962, que pertenecía a mi padre. Resultado: quebré la antena mientras caía fulminado en la tierra a plena calle.

Miré a todos lados, no vi a nadie. Estaba completamente solo. Obviamente no había sido hallado digno de ser arrebatado por el aire con Jesús y los santos de todas las épocas. Quizás por causa de la duda que expresé al agarrar la antena es que había frustrado la bendita esperanza para mí. Como no pude ver rostros conocidos ni amigables en ningún lado, asumí que ya estábamos en la Gran Tribulación; así que hui para esconderme y me oculté —no lo vas a creer— en una caja de pino que era una urna fúnebre que mi tío Jerry, que regentaba una funeraria, le había dado a mi padre.

Confinado a mi refugio sepulcral, esperaba muy nervioso. Parecía que era una eternidad pero aquello, probablemente, solo duró unos cinco minutos. Por fin emergí de mi sarcófago y volví a enfrentar a «esa bestia tosca, cuya hora había llegado, cabizbaja caminando hacia» Demópolis, Alabama, «para nacer».[18] Aliviado al ver a mis padres y a mi familia en la casa, de inmediato me di cuenta de que el Señor no había venido y no tenía que preocuparme más por si había sido dejado atrás.

En los años que siguieron, varias veces me cuestioné si al entrar en una casa vacía —después de un día en la escuela—, hubiera ocurrido el Rapto y yo me lo hubiera perdido. Esas preguntas hicieron que cada vez me comprometiera más a vivir en una mayor santidad, de forma que estuviera listo el día que Cristo vuelva por nosotros. Como resultado de esas experiencias, desarrollé cierta «fatiga apocalíptica». Nadie podrá alborotarme otra vez con la idea de que algún acontecimiento en particular indica la venida inmediata de Cristo. Por otro lado, mi determinación de estar listo y gozoso por la perspectiva de su aparecimiento hace que siempre espere que no esté lejos ese día. Como observamos al principio de un nuevo año, la idea que Cristo podría volver ese año debe provocar nuestra más querida y apasionada esperanza. Ven, Señor, ¡este año!

¡Ven, Señor Jesús! Que nuestra gran resolución hoy sea que nos encuentres vigilantes cuando retornes.

EL OCTAVO DÍA DE NAVIDAD

EL AÑO DEL FAVOR

> ¡Ustedes siguen guardando los días de fiesta,
> meses, estaciones y años! Temo por ustedes, que
> tal vez me haya estado esforzando en vano.
> —*Gálatas 4:10-11*

A pesar de la observación de fiestas y otras fechas importantes establecidas por la tradición cristiana, el Nuevo Testamento a veces critica la celebración de algunos días especiales. En Gálatas, Pablo dice que al volver a una religión ceremonial y calendarizada, los gálatas habían vuelto a la atadura pagana o a la servidumbre bajo la ley judía. El cristianismo, explicaba Pablo, no tenía nada que ver con el reconocimiento formal de fechas especiales, sino con la celebración cotidiana de la vida en el Espíritu. Pablo preguntó: «Después de haber comenzado con el Espíritu, ¿pretenden ahora perfeccionarse con esfuerzos humanos?» (Gálatas 3:3).

¿Cómo podemos celebrar el nuevo año en una forma verdaderamente cristiana? Cristo celebró, simbólicamente, un año nuevo en Lucas 4:18-19:

> El Espíritu del Señor está sobre mí, por cuanto
> me ha ungido para anunciar buenas nuevas a los
> pobres. Me ha enviado a proclamar libertad a los
> cautivos y dar vista a los ciegos, a poner en libertad
> a los oprimidos, a pregonar el año del favor del
> Señor.

Tras leer ese texto sagrado, se sentó y pronunció lo siguiente: «Hoy se cumple esta Escritura en presencia de ustedes» (v. 21). No solamente declaró un nuevo año, «el año del favor del Señor», sino que inauguró una nueva era: la era del Espíritu. Para los que están en Cristo, cada año vivido en la llenura del Espíritu cuenta como el año de nuestro Señor. Cada jornada brinda un día santo para los hijos de Dios.

Por tanto, ¿habremos celebrado toda esta temporada navideña en vano? No, si lo hemos hecho viviendo en el Espíritu. Como lo expresó el mismo Pablo: «Ya no hay condenación para los que están unidos a Cristo Jesús, pues por medio de él la ley del Espíritu de vida me ha liberado de la ley del pecado y de la muerte» (Romanos 8:1-2). En la libertad de Cristo en la que hemos entrado, «los que adoran al Señor un día en particular lo hacen para honrarlo a él». Por tanto, ¡Celebremos el año del favor del Señor! (Romanos 14:6, NTV).

Oh Anciano de días, reconocemos que cada día es hoy para ti y tu amor por nosotros nunca varía. Pero al declarar este como un nuevo año del Señor, esperamos ver tu favor como nunca. Que otros reconozcan tu favor en nuestras vidas y que ningún esfuerzo para bendecirnos sea en vano. Fija nuestros ojos en ti, no en el calendario, hasta que venga el día cuando todo tiempo cese. Amén.

El noveno día de Navidad

La consagración

> Luego llegó el tiempo para la ofrenda de
> purificación, como exigía la ley de Moisés después
> del nacimiento de un niño; así que sus padres lo
> llevaron a Jerusalén para presentarlo al Señor. La
> ley del Señor dice: «Si el primer hijo de una mujer
> es varón, habrá que dedicarlo al Señor». Así que
> ellos ofrecieron el sacrificio requerido en la ley del
> Señor, que consistía en «un par de tórtolas o dos
> pichones de paloma».
> —*Lucas 2:22-24*, NTV

Cuando trajeron al bebé Jesús al templo, María y José participaron en un acto muy religioso, obedeciendo con cuidado la ley de Moisés. Se dice mucho en nuestros tiempos que el cristianismo no es una religión, sino una relación. Tal eslogan pierde el punto esencial de la religión. Tal vez sería un lema más correcto decir que el cristianismo no se trata de ritos religiosos y vacíos, sino de una práctica religiosa apoyada en una relación personal con Dios. En cualquier caso, lo que hacemos para perseguir nuestra relación con Dios inevitablemente se convierte en una forma de práctica religiosa.

Si pretendemos seguir a Cristo de manera genuina, nos comprometeremos a practicar la religión, justamente como hicieron Jesús y sus padres. Como ya hice alusión, María y José eran *tzadekim*, judíos *justos* que andaban fielmente en la ley de Moisés. Jesús mismo practicaba el judaísmo, viviendo en obediencia a la ley a su más profundo nivel. Cuando fue a ser bautizado por Juan, lo hizo para «cumplir con lo que es *justo*». Así como Jesús, los cristianos verdaderos son gente religiosa. Oran, ayunan, asisten a servicios religiosos, leen la Biblia, se bautizan y participan en la Santa Cena, se casan, dedican a sus hijos al Señor, y celebran fiestas como la Navidad y las Pascuas. Y lo hacen con todo su corazón; no por algún sentido de obligación sino porque la práctica de la religión cristiana les da una relación más cercana con Dios.

Los lemas tienen un rol. Reducen las ideas complejas a declaraciones simplificadas y detalladas. Muchas veces producen cierto choque y llevan a reflexionar de manera profunda. Pero si fallan en estimular esa clase de pensamiento, pueden dejar a la persona a niveles superficiales. Los ritos religiosos pueden hacer la misma cosa. La clave para todos nosotros requiere que invirtamos el pensamiento profundo e innovador, la emoción sincera y ferviente, y la práctica religiosa consistente y disciplinada en nuestra relación con Dios. Como lo hizo Jesús.

Oh Dios, cuya Palabra es viva y activa, no nos dejes caer en una mera religión muerta, sino que podamos experimentar un avivamiento frecuente. Como en cualquier relación humana, nuestro sentido de conexión contigo crece y mengua. Durante esta temporada navideña, que nos consagremos verdaderamente a ti. Atráenos más a ti. Háblanos. Por medio del Espíritu de Cristo que mora en nosotros, Emanuel, Dios con nosotros. Amén.

EL DÉCIMO DÍA DE NAVIDAD

LA CONSOLACIÓN

En ese tiempo, había en Jerusalén un hombre
llamado Simeón. Era justo y devoto, y esperaba
con anhelo que llegara el Mesías y rescatara a
Israel. El Espíritu Santo estaba sobre él y le había
revelado que no moriría sin antes ver al Mesías
del Señor. Ese día, el Espíritu lo guió al templo.
De manera que, cuando María y José llegaron
para presentar al bebé Jesús ante el Señor como
exigía la ley, Simeón estaba allí. Tomó al niño
en sus brazos y alabó a Dios diciendo:
«Señor Soberano, permite ahora que tu siervo
muera en paz, como prometiste».
—*Lucas 2:25-29*, NTV

El nacimiento de Jesús sucedió en un descenso de la historia del pueblo judío. Después de perder su soberanía, cuando la dinastía davídica fue derrocada, sufrieron el cautiverio en Babilonia, el imperialismo griego y la profanación del templo, el exilio en todo el mundo, la ocupación por los romanos y el humillante y brutal reinado de Herodes, un edomita (idumeo). Así que anhelaban la consolación, el cumplimiento de la profecía de Isaías:

«Consuelen, consuelen a mi pueblo», dice su Dios. «Hablen con ternura a Jerusalén y díganle que se acabaron sus días tristes y que sus pecados están perdonados. Sí, el Señor le dio doble castigo por todos sus pecados» (Isaías 40:1-2, NTV).

Israel había sufrido por largo tiempo, pero Simeón creía fielmente la Palabra de Dios que había recibido de que viviría para ver la consolación de Israel en el reinado largamente esperado del Mesías. Una vez que vio al bebé Jesús, supo que podía morir en paz.

El reino de Dios que Jesús predicaba verdaderamente trajo la consolación a todos los que entraron en él, pero no trajo el fin de la opresión romana, ni tampoco del dominio de los imperios sobre los judíos y los otros pueblos oprimidos del mundo. Ese día vendrá, pero la paz que Simeón recibió por fe basta para los que confían en Jesús. Ya hemos comenzado a vivir la existencia de la edad venidera y, por lo tanto, vivimos en la esperanza paciente por la consumación de todas las cosas.

Recuerdo la fe que vivían mis abuelos en cuanto al retorno del Señor. Pasaban todos los días en una esperanza ardiente por el Rapto de la iglesia, como enseñó Pablo en 1 Tesalonicenses 4:16-17: «Pues el Señor mismo descenderá del cielo …. Primero, los creyentes que hayan muerto se levantarán de sus tumbas. Luego, junto con ellos, nosotros, los que aún sigamos vivos sobre la tierra, seremos arrebatados en las nubes para encontrarnos con el Señor en el aire» (NTV). Como Simeón, mis abuelos pensaban que no sufrirían la muerte antes de la venida del Señor. Sin embargo, cuando vino por ellos —aunque no fue mediante el Rapto—, no se decepcionaron. Quiero vivir con la misma esperanza y la misma expectativa.

Acelera el día de tu venida, Señor. Al celebrar tu nacimiento, no podemos más que pensar en el día de tu retorno, cuando establecerás el reinado de Dios sobre todas las cosas y serás exaltado ante todo pueblo. Anhelamos ser reunidos contigo y con los santos que nos han precedido a la gloria. Hasta ese entonces, déjanos vivir en la esperanza ardiente, en profunda consolación y en la plena convicción de la vida eterna. Amén.

EL UNDÉCIMO DÍA
DE NAVIDAD

EL PUEBLITO

Así que convocó de entre el pueblo a todos los
jefes de los sacerdotes y maestros de la ley,
y les preguntó dónde había de nacer el Cristo.
«En Belén de Judea», le respondieron,
porque esto es lo que ha escrito el profeta:
«Pero tú, Belén, en la tierra de Judá, de ninguna
manera eres la menor entre los principales
de Judá; porque de ti saldrá un príncipe que
será el pastor de mi pueblo Israel».
—*Mateo 2:4-6*

Los pueblitos siempre han sufrido sentimientos de infe-
rioridad. El profeta Miqueas habló directamente al
pueblito de Belén, asegurándole que su pequeño tamaño no
le negaría aquella grandiosa gloria. Al igual que David, el
gobernante de Israel durante su época dorada, y sus ilustres
ancestros Booz y Rut que habían venido de Belén, el futuro
vástago de David y Salvador de Israel también vendría de ese
pueblito: Belén.

Yo nací y me crié en la pequeña ciudad de Demópolis, Alabama. Cuando niño, me sentía muy provincial y me preguntaba si podría competir con las personas de las grandes urbes; la gente que veía en las películas y los programas de televisión que vivían estilos de vida tan extravagantes con lo que parecían riquezas ilimitadas y una sofisticación deslumbrante. Uno de mis maestros escolares me dijo una vez, falsamente, que mientras nosotros los estudiantes sureños de Estados Unidos tocábamos instrumentos de viento en bandas, los niños norteños tocaban instrumentos de cuerda en orquestas y que ellos podían identificar a los compositores de las obras de música clásica con solo escuchar unas pocas melodías. Yo definitivamente me sentía inferior, pero también ¡me desafié a competir!

Los jóvenes de los pueblos pequeños muchas veces responden competitivamente a los desafíos de sus orígenes humildes. Sin embargo, ni las limitaciones de aquellos orígenes aldeanos ni la competición que puedan inspirar tenían algo que ver con el ascenso de Jesús a lo sumo, donde le fue otorgado «el nombre que está sobre todo nombre, para que ante el nombre de Jesús se doble toda rodilla en el cielo y en la tierra» (Filipenses 2:9-10). Lo que le sirvió como catapulta a Jesús para llevarlo a la fama y después a la gloria era el destino que Dios decretó para su vida y su fiel obediencia al plan de Dios.

Dios ha destinado la gloria para cada uno de nosotros y lo declara en profecía. En Romanos 8:18-19, Pablo considera que «en nada se comparan los sufrimientos actuales con la gloria que habrá de revelarse en nosotros. La creación aguarda con ansiedad la revelación de los hijos de Dios». Los orígenes pueblerinos presentan los impedimentos menos importantes en cuanto al ascenso a la gloria. El sufrimiento, los reveses, los pecados y las tristezas nos limitan a todos. Pero Dios «dará vida eterna a los que, perseverando en las buenas obras, buscan gloria, honor e inmortalidad» (Romanos 2:7).

Saber que Dios nos ha destinado a grandes cosas debe motivarnos a todos a persistir en buscar la voluntad de Él, sean cuales hayan sido los orígenes u obstáculos que podamos enfrentar.

En el nombre del Padre, del Hijo y del Espíritu Santo, rogamos que podamos fijar nuestros ojos en Jesús, el iniciador y el perfeccionador de la fe, quien por el gozo puesto delante de Él soportó la cruz, menospreciando la vergüenza, y se sentó a la diestra del trono de Dios. Que no tropecemos nunca por los escándalos de este mundo, antes bien persistamos en la vida eterna.

EL DUODÉCIMO DÍA
DE NAVIDAD

EL EXILIO: LA SENDA AL PODER

Después de que los sabios se fueron, un ángel
del Señor se le apareció a José en un sueño.
«¡Levántate! Huye a Egipto con el niño y su madre
—dijo el ángel—. Quédate allí hasta que yo te diga
que regreses, porque Herodes buscará al niño para
matarlo». Esa noche José salió para Egipto con
el niño y con María, su madre, y se quedaron allí
hasta la muerte de Herodes. Así se cumplió lo que
el Señor había dicho por medio del profeta:
«De Egipto llamé a mi Hijo».
—*Mateo 2:13-15*, NTV

Durante los años que viví como expatriado en algunos
países latinoamericanos, varios líderes nacionales
huyeron de uno de esos países para evitar la encarcelación.
Una vez cuando me lamentaba por la ida de uno de ellos, un
amigo me comentó: «No te preocupes por él. En su país uno
no puede subir a la presidencia mientras no haya pasado

tiempo en el exilio político». El estatus de exiliado aparentemente puede servir como prueba del patriotismo dramático que el liderazgo máximo demanda.

Sin embargo, el exilio político constituye una ofensa grave contra los derechos humanos. El artículo 19 de la Declaración Universal de los Derechos Humanos insiste en que

«todo individuo tiene derecho a la libertad de opinión y de expresión; este derecho incluye el no ser molestado a causa de sus opiniones, el de investigar y recibir informaciones y opiniones, y el de difundirlas, sin limitación de fronteras, por cualquier medio de expresión».

El artículo 14 también afirma que «en caso de persecución, toda persona tiene derecho a buscar asilo, y a disfrutar de él, en cualquier país».[19]

Como dice la encíclica papal de la Iglesia Católica Romana, *Exsul Familia Nazarethana*:

La familia de Nazaret desterrada, Jesús, María y José, emigrantes a Egipto y refugiados allí para sustraerse a las iras de un rey impío, son el modelo, el ejemplo y el consuelo de los emigrantes y peregrinos de todos los tiempos y lugares, y de todos los prófugos de cualquiera de las condiciones que, por miedo de las persecuciones o acuciados por la necesidad, se ven obligados a abandonar la patria, los padres queridos, los parientes y a los dulces amigos para dirigirse a tierras extrañas.[20]

Según Mateo 25:40, cuando servimos a tales personas, ministramos a Jesús de la misma manera.

El exilio a Egipto no representó la primera vez que Jesús abandonara sus derechos por nuestro bienestar. Antes de vaciarse de sus derechos humanos, el Hijo de Dios puso a un lado sus derechos *divinos*, tomando la forma humana (Filipenses 2:7). Y la huida a Egipto no sería la última vez que suspendería sus derechos humanos por nosotros, sino que fue la primera instancia en una larga serie de ironías. Al final, su exilio del cielo y el sacrificio de sus derechos humanos hicieron posible el inexorable día de su coronación como Rey vitalicio sobre la humanidad. Y su vida y su reino son eternos.

Santo Señor, Dios de poder y de toda autoridad, al enfrentar reveses y contradicciones en este mundo, ayúdanos a no perder de vista tu soberanía y la verdad que nos darás en el tiempo debido. Que nos importe más nuestro deber de servir que nuestro derecho de ser servidos. Seas tú nuestro defensor y escudo. Amén.

EPIFANÍA

LOS REYES MAGOS Y SU EPIFANÍA

Cuando Jesús nació en Belén de Judea en días del
rey Herodes, vinieron del oriente a Jerusalén unos
magos, diciendo: «¿Dónde está el rey de los judíos,
que ha nacido? Porque su estrella hemos visto
en el oriente, y venimos a adorarle» …
Y al ver la estrella, se regocijaron con muy
grande gozo. Y al entrar en la casa, vieron al niño
con su madre María, y postrándose, lo adoraron;
y abriendo sus tesoros, le ofrecieron presentes:
oro, incienso y mirra. Pero siendo avisados por
revelación en sueños que no volviesen a Herodes,
regresaron a su tierra por otro camino.
—*Mateo 2:1-2, 10-12*, RVR1960

En España y en muchos países de América Latina, el
día de los reyes magos representa la culminación de
la celebración navideña. Aunque la Noche Buena y el día de
Navidad se celebran típicamente dentro del seno familiar, La
Cabalgata de los Reyes Magos se celebra en muchos pueblos
y ciudades con un desfile público y grandioso. En la noche
anterior, los niños dejan sus zapatos en un lugar visible,

esperando que los reyes los llenen con dulces y regalitos al llegar a su casa; algo parecido a la costumbre en otras culturas de colgar calcetines grandes en las chimeneas en Noche Buena. Los niños dejarán comidas para los reyes magos y pasto para sus camellos, y sus padres se asegurarán de que haya evidencias de que los alimentos fueron consumidos por los visitantes. Así los reyes y sus camellos juegan el rol mítico que San Nicolás y sus renos tienen en muchas otras culturas.

Parecido a las representaciones dramáticas de la búsqueda de posada, la tradición de celebrar la venida de los reyes magos hace participar a los niños en la emoción de los eventos de la Navidad original. Algunos podrían objetar la mezcla de eventos bíblicos con mitos culturales y personajes mágicos; pero, como hemos sugerido en cuanto a San Nicolás, es importante explicarles bien a los niños la diferencia entre los mitos culturales y las verdades bíblicas.

Sin embargo, lo más importante en la conmemoración de los reyes magos es que hagamos participar a los niños en lo principal que esos sabios hicieron: venir a Cristo y adorarlo. En otras culturas, este día se celebra con el nombre de «epifanía», haciendo énfasis no en los reyes sino en la revelación de Cristo que experimentaron.

Al celebrar este día de epifanía, es esencial que recordemos que no jugamos el rol de la familia sagrada que los reyes visitaron, sino el de peregrinos errantes que hemos descubierto la gloria del Salvador.

Oh Señor, que has guiado nuestro peregrinaje, nos damos cuenta de que no te hemos encontrado por nuestros propios medios. Al igual que la astrología supersticiosa de los reyes magos nunca podría haberlos guiado a la casa específica donde el Niño Jesús yacía, nuestros intentos por hallar la inspiración no nos han revelado la gloria de Cristo. Ha sido por tu misericordia y tu gracia que hemos encontrado la salvación. Hoy reconocemos a Cristo como Señor y Dios, y rendimos nuestros tesoros a Él. En este último día de celebración navideña, revela a Cristo en nosotros, y cada vez más profundamente en los días venideros. En el nombre de Cristo, amén.

NAVIDAD PARA TODO EL AÑO

Como lo ilustra este libro, amo la Navidad. No me canso de festejarla nunca y, de hecho, creo que la celebración cotidiana de la Navidad es el secreto de la vida llena del Espíritu. La frase «Espíritu de Navidad» puede significar un estado de ánimo elevado por las brillantes luces en las noches oscuras o una sensación de generosidad relacionada con el dar y recibir obsequios. Para otros la frase puede conjurar algún fantasma de Dickens, sea el de la Navidad pasada o el de la Navidad futura, pero el verdadero Espíritu de la Navidad no es ningún otro sino el mero Espíritu de Dios.

El Espíritu Santo cubrió a la virgen María con su sombra para crear la primera Navidad (Lucas 1:35). Por el mismo Espíritu, Zacarías dio la primera profecía pública con la que se anunció la venida del Mesías (Lucas 1:67). Elisabet fue llena del Espíritu de tal manera que su bebé, Juan el Bautista, saltó en el vientre de su madre, siendo lleno del Espíritu desde antes de su nacimiento (Lucas 1:15). Simeón, movido por el Espíritu, apareció en las cortes del templo para conocer al Rey recién nacido y declarar que su venida significaba luz para las naciones y gloria para el pueblo de Israel

(Lucas 2:25-30). Tal participación en la primera Navidad ameritó el título de «Espíritu de la Navidad», por lo que el Espíritu Santo sigue entregando todo buen don y dádiva perfecta que viene del Padre.

El cristianismo verdadero requiere que caminemos en el Espíritu. Sin ese poder de lo alto, no tenemos nada más que una religión vacía. Cristo prometió, casi al fin de su ministerio, que cuando Él regresara a su Padre, enviaría al Consolador (Juan14:16), el Espíritu Santo, para tomar su lugar entre nosotros, para morar en nuestros corazones, para darnos palabras con el objeto de que testificáramos de Él. El mismo Espíritu que concibió a Cristo en María atiende a nuestro nuevo nacimiento, nos da palabras para profetizar y proclamar a Cristo, y nos unge con poder para que las señales nos sigan reforzando nuestro testimonio. El Espíritu de santidad nos ayuda en la santificación y nos inspira a esperar. Cada cosa buena que asociamos con la Navidad fluye en nosotros desde el Espíritu de Dios.

Si pensamos en la celebración de la Navidad durante todo el año en términos de la desmedida parafernalia con la cursilería, los árboles, el oropel, el muérdago, los villancicos y los chocolates, perdemos el verdadero punto de la ocasión. Debemos dejar tales cosas al finalizar la temporada por nuestro propio bien. Mas el Espíritu navideño tiene que quedarse con nosotros durante todo el año. Si no, fallaremos como cristianos. Mi oración final por ti es que Dios te llene ricamente con el Espíritu Santo, trayendo ayuda milagrosa a tu vida cotidiana a través de todo el año y, ciertamente, por el resto de tu vida.

Notes

1 Edwin and Jennifer Woodruff Tait, «Why Do We Have Christmas Trees?» *Christianity Today*, diciembre 2008, www.christianitytoday.com/history/2008/diciembre/why-do-we-have-christmas-trees.html.

2 *Miracle on 34th Street*, written and directed by George Seaton, 20th Century Fox, 1947.

3 Kim Phuc Phan Thi, *Fire Road: The Napalm Girl's Journey through the Horrors of War to Faith, Forgiveness, and Peace (Chicago: Tyndale Momentum, 2017); citado en «The Salvation of "Napalm Girl"»*, *The Wall Street Journal*, 21 de diciembre 2017, www.wsj.com/articles/the-salvation-of-napalm-girl-1513899109.

4 Kim Phuc Phan Thi, *Fire Road*.

5 Adolphe Adam, «O Holy Night», 1847, www.hymnsandcarolsofchristmas.com/Hymns_and_Carols/o_holy_night.htm.

6 G. Kittel, G. Friedrich, and G. W. Bromiley, *Theological Dictionary of the New Testament* (Grand Rapids, MI: Wm. B. Eerdmans, 1985), 178.

7 David Croteau, «Christmas Urban Legends: Shepherds As Outcasts», *Lifeway*, Diciembre17, 2015, https://factsandtrends.net/2015/12/17/christmas-urban-legends-shepherds-as-outcasts/. See also *Urban Legends of the New Testament* (Nashville: B&H Academic, 2015).

8 Zion Mountain Folk, *Grass Roots Music*, Track 3, Light Records, 1978.

9 Rob Kapilow, «Why Many Classic Christmas Songs Were Written by Jewish Composers», *The Star*, 30 noviembre 2017, www.thestar.com/news/insight/2017/11/30/why-many-classic-christmas-songs-were-written-by-jewish-composers.html.

10 Lee Mendelson and Vince Guaraldi, «Christmastime is Here», 1965. From *A Charlie Brown Christmas*, animated film, written

by Charles M. Shultz, directed by Bill Melendez, featuring
Peter Robbins, Chris Shea, Kathy Steinberg, and Bill Melendez,
Lee Mendelson Films, 1965.

11 Corazón Aquino, «Speech Upon Receipt of the Fulbright Prize»,
Washington, DC, October 11, 1996, www.scribd.com/document
/103656313/Speech-Upon-Receipt-of-the-Fulbright-Prize.

12 Hyde Flippo, «Stille Nacht/Silent Night—The True Story», *The
German Way & More*, 2017, https://www.german-way.com/
history-and-culture/holidays-and-celebrations/christmas/
stille-nacht-silent-night/.

13 Andrew McGowan, «How December 25 Became Christmas»,
Bible History Daily, 3 diciembre 3, 2017, https://www.
biblicalarchaeology.org/daily/biblical-topics/new-testament/
how-diciembre-25-became-christmas/.

14 William J. Tighe, «Calculating Christmas: The Story
Behind December 25», *Touchstone*, diciembre 2003,
www.touchstonemag.com/archives/article.php?id=16-10-012-v.

15 William J. Tighe, «Calculating Christmas: The Story
Behind December 25», *Touchstone*, diciembre 2003,
www.touchstonemag.com/archives/article.php?id=16-10-012-v.

16 Martin Luther, «A Mighty Fortress Is Our God», c. 1529,
https://www.hymnal.net/en/hymn/h/886.

17 John Mason Neale and Thomas Helmore, «Good King
Wenceslaus», *Carols for Christmas-tide*, 1853, www.hymnsand-
carolsofchristmas.com/Hymns_and_Carols/good_king_
wenceslas.ht.

18 William Butler Yeats, «The Second Coming», traducción
por Juan Carlos Villavicencio, www.descontexto.blogspot.
com/2008/10/la-segunda-venida-de-william-butler.html?m=1.

19 Asamblea General de las Naciones Unidas, *Declaracion
Universal de Derechos Humanos*, 10 de diciembre, 1948,
https://www.ohchr.org/EN/UDHR/Documents/UDHR_
Translations/spn.pdf

20 Pope Pius XII, *Exsul Familia Nararethana*, carta encíclica,
August 1, 1952, Mercaba: Enciclopedia hispano-católica
universal, www.mercaba.org/PIO%20XII/1952-08-01.htm.

Joseph Castleberry es el presidente de Northwest University, una institución educativa cristiana con sede en Kirkland, Washington, Estados Unidos de América. Vivió y fungió como misionero en América Latina durante la década de los noventa en Costa Rica, El Salvador y Ecuador; y ha ministrado en casi todos los países hispanos del continente americano. Sus títulos académicos incluyen una licenciatura en Evangel University, la maestría en divinidades del Princeton Theological Seminary y el doctorado en desarrollo educacional internacional del Teachers College, Columbia University. Es un autor prolífico de libros y artículos de erudición y a nivel popular; además ha dictado numerosas conferencias sobre los derechos humanos y la inmigración en Harvard University y la Universidad Nacional Autónoma de México, entre otras. Ha comentado sobre política, religión, cultura e inmigración en cientos de entrevistas por radio, televisión y prensa gráfica, tanto en inglés como en español. Ha predicado en docenas de países alrededor del mundo.

El doctor Castleberry y su esposa Kathleen tienen tres hijas: Jessica (casada con Nathan Austin), Jodie (nacida en Ecuador y casada con Roberto Valdez), y Sophie (nacida en Ecuador y casada con Andrew Bender), más tres nietos (Emerson Austin, Miranda Austin y Aurora Valdez). A toda la familia le encanta la celebración de la Navidad.

Los que deseen comunicarse con el doctor Castleberry pueden escribirle a:

joseph.castleberry@icloud.com.

Libros selectos de
Joseph Castleberry

40 Days of Christmas: Celebrating the Glory of our Savior
(Broadstreet, 2018)

The New Pilgrims: How Immigrants Are Renewing America's
Faith and Values (Worthy, 2015)

Los Nuevos Peregrinos: Cómo los inmigrantes están
renovando la fe y los valores de los Estados Unidos
(Worthy Latino, 2015).

Visul Inimii Tale: Descoperind adevarata viziune a lui
Dumnezeu pentru viata ta (Life Publishers, 2015).

The Kingdom Net: Learning to Network Like Jesus
(My Healthy Church, 2014)

Your Deepest Dream: Discovering God's True Vision for Your
Life (NavPress, 2013)

Notas

Notas

Notas